Constantin Goldkuhle

Erfolgsfaktoren von Mergers and Acquisitions

Der Einfluss des Controllings auf Effektivität und Erfolg von M&As

Bibliografische Information der Deutschen Nationalbibliothek:

Die Deutsche Nationalbibliothek verzeichnet diese Publikation in der Deutschen Nationalbibliografie; detaillierte bibliografische Daten sind im Internet über http://dnb.d-nb.de abrufbar.

Impressum:

Copyright © Studylab 2018

Ein Imprint der Open Publishing GmbH

Druck und Bindung: Books on Demand GmbH, Norderstedt, Germany

Coverbild: Open Publishing | Freepik.com | Flaticon.com | ei8htz

Inhaltsverzeichnis

Zusammenfassung

Im Rahmen des globalen Wachstums, wird das Vernetzen von Unternehmen immer notwendiger, um den Interessen der Kunden gerecht zu werden. Daher sind Mergers and Acquisitions für viele Unternehmen ein notweniger Bestandteil der Wachstums- und Internationalisierungsstrategie geworden. Dementsprechend spielen M&As in der heutigen globalen und sich stetig ändernden Welt eine entscheidende Rolle.

Jedoch ergeben Studien, dass mehr als die Hälfte aller M&As, gemessen an ihren formulierten Zielen oder hinsichtlich der langfristigen Wirtschaftlichkeit, scheitern. Aus diesem Grund berücksichtigt und analysiert diese Ausarbeitung die Gründe für das Scheitern von M&As. Darüber hinaus sollen Lösungsvorschläge entwickelt werden, die es dem Controlling ermöglichen, den Erfolg der Transaktion sicherzustellen. Daraus leitet sich die Fragestellung ab: *„Wie kann das Controlling Einfluss auf die Effektivität und den Erfolg von Mergers and Acquisitions nehmen?"* Neben der näheren Beleuchtung von weichen sowie harten Erfolgsfaktoren sollen auch die unterschiedlichen Integrationsrisiken herausgestellt werden, um später eine belastbare Grundlage für Lösungsvorschläge zu bilden.

Ergebnisse der Analysen zeigen, dass harte Erfolgsfaktoren meist zulasten der weichen Faktoren priorisiert werden. Dies resultiert daraus, dass weiche Erfolgsfaktoren quantitativ schwer zu erfassen sind und einen erhöhten Managementaufwand beanspruchen. Darüber hinaus lassen sich Integrationsrisiken in fünf Klassen einteilen. Dazu zählen Synergie-, Mitarbeiter, Kultur-, Projekt- und Strukturrisiken. Vor allem die kulturellen Risiken sind mit den weichen Erfolgsfaktoren verknüpft und adressieren ebenfalls eine unzureichende Quantifizierbarkeit. Am DaimlerChrysler Merger wird deutlich, dass in der Praxis eben diese Risiken übergangen und unzureichend behandelt werden. Um diesem Problem vorbeugen zu können wurde das Post Merger Integration Controlling gebildet. Es ermöglicht eine ganzheitliche Betrachtung aller M&A-Themen. Dem Problem der Quantifizierung von Erfolgsfaktoren sowie Integrationsrisiken, geht die spezielle Entwicklung von Leistungskennzahlen voraus. Dies kann vom Controlling Mithilfe der Anwendung des DISG-Modells durchgeführt werden, welches anhand von Selbsteinschätzungen der Mitarbeiter kulturelle Züge und Verhaltensweisen evaluiert.

Diese Schlüsse bekräftigten die Annahme, dass bereits effektive Instrumente für das Controlling vorhanden sind, um den Einfluss auf die Effektivität von M&As zu erhöhen und einen langfristigen Erfolg sicherzustellen. Zusammenfassend ist festzuhalten, dass ein durchgängiges Controlling im M&A starken Einfluss nimmt und die langfristige Wirtschaftlichkeit der Unternehmung gewährleistet.

Abstract

In connection with the global growth the networking and collaboration of companies becomes more and more necessary to meet the customers' demand. Therefore, mergers and acquisitions as a strategy of growth and internationalization has gained importance for many companies. As a result, M&As play a decisive role in today's global and ever-changing world.

However, studies show that more than half of all M&As fail in regards to their stated objectives or long-term profitability. For that reason this elaboration discusses the ground of failing M&As and proposes resolutions to ensure success of the transaction. It presents the financial controlling as a major contributor to a successful M&A which leads to the question: *"How can the controlling influence the effectiveness and the success of mergers and acquisitions?"* By providing an insight into soft and hard facts and the different integration risks, a reliable basis for solution options can be established.

Results from the analysis show that hard facts are usually prioritized to the disadvantage of soft facts. This is due to the fact that soft facts are difficult to measure quantitatively and require an increased management effort. In addition, integration risks can be classified into five categories. These include synergy, employee, cultural, project and structural risks. Above all, the cultural risks are part to the soft facts and characterized by inadequate quantifiability. In the context of DaimlerChrysler Merger, it becomes clear that in practice these risks are being dismissed and treated inadequately. Post Merger Integration Controlling was formed to prevent this issue by enabling an integrated view of all M&A topics. The obstacle of the quantification of success factors as well as integration risks is tackled by adapting specific performance key figures. The DISG model for example could be developed by the controlling apartment for evaluating cultural traits and behavior by self-assessments of employees.

These conclusions reinforce that there are already effective controlling tools that increase the M&A's success and ensure long-term profitability. All in all a stable controlling function has an overall great impact on the company and is the key to success during a M&A.

Abkürzungsverzeichnis

DCF	Discounted Cash-Flow
EBIT	Earnings before interest and taxes
EBT	Earnings before taxes
EDV	Elektronische Datenverarbeitungssysteme
F&E	Forschung und Entwicklung
GuV	Gewinn- und Verlustrechnung
KPI	Key Performance Indicator
M&A	Mergers and Acquisitions
NAFTA	North American Free Trade Agreement
NDA	non-disclosure agreement
PMI	Post Merger Integration
ROI	Return on Investment
WACC	Weighted Average Cost of Capital

Abbildungsverzeichnis

Tabellenverzeichnis

1 Einleitung

> „Zusammenkommen ist ein Beginn, zusammenbleiben ist ein Fortschritt, zusammen-
> arbeiten ist ein Erfolg."[1]

Wie das Zitat von Henry Ford unterstreicht, liegt Erfolg mitunter in der Zusammenarbeit. Diese Aussage lässt sich immer noch auf die wirtschaftlichen Aspekte der heutigen Zeit übertragen. Neben den Chancen spricht Ford fokussiert die Herausforderungen der Zusammenarbeit an. Diese liegen vor allem bei kulturellen Unterschieden und kommunikativen Hindernissen. Die angesprochenen Herausforderungen finden sich im Prozess von Mergers and Acquisitions wieder.

Mit fortschreitender Globalisierung, niedrigen Zinsen und der Notwendigkeit nach Wachstum, steigt parallel die Anzahl von M&As. Damit einhergehend erhöht sich auch das Risiko und die Herausforderungen. Mehr als die Hälfte aller M&As scheitern wirtschaftlich oder hinsichtlich der Realisierung ihrer gesetzten Ziele. Das Ziel dieser Ausarbeitung ist es, die Gründe für das Scheitern von M&As zu analysieren, die Rolle des Controllings in diesem Prozess näher zu beleuchten und letztlich Lösungsvorschläge zu erarbeiten, wie das Controlling die Effektivität von M&As steigern kann. Diesbezüglich bestehen unterschiedlich quantifizierbare Risikoklassen, die vom Controlling auf verschiedene Weise adressiert werden können. Dabei wird das Risiko angesprochen, dass ohne korrektes Erkennen von potenziellen Chancen und Risiken Maßnahmen nicht effektiv durchgeführt werden können. Eben diese Erkenntnis brachte die Post Merger Integration hervor, welche den gesamten Erfolg einer M&A-Aktivität beeinflussen kann und nachhaltig ausrichten soll. Innerhalb dieser Ausarbeitung wird der Fokus auf das Post Integrated Merger Controlling gelegt und der Einfluss auf den M&A-Prozess untersucht.

Zunächst wird im Zuge einer Einleitung die Thematik von M&As nähergebracht. Nach der Definition wichtiger Begriffe wird auf den Prozess eines M&As eingegangen und darauffolgend relevante Integrationsrisiken, aber auch Erfolgsfaktoren näher beleuchtet. Am Ende dieser Ausarbeitung soll ersichtlich werden welche Kriterien verantwortlich für das Scheitern eines M&As sind und das Post Merger Integration anhand eines Praxisbeispiels als Lösungsinstrument vorstellen. Dabei wird zusammenfassend die Problematik hinsichtlich des Einflusses

---

[1] Henry Ford.

vom Controlling bezüglich der Effektivität von Mergers and Acquisitions adressiert.

2 Grundlagen und Status Quo von Mergers & Acquisitions

Das folgende Kapitel gibt einen Überblick bezüglich der Thematik von Mergers and Acquisitions (M&As). Hierbei werden M&As näher erläutert, um ein kontextnahes Fundament für spätere Bezüge zu erstellen. Neben praxisrelevanten Beispielen sind es vor allem die Chancen und Risiken von M&As, welche den Grundstein für die spätere Analyse bilden. Infolge einer einleitenden Einführung in das Thema sollen bereits Bezüge zum Prozess von M&As hergestellt werden.

2.1 Mergers & Acquisitions als Expansionsmöglichkeit

In diesem Teil der Ausarbeitung wird der Fokus speziell auf die inhaltliche Einführung in Mergers and Acquisitions, sowie die Erläuterung der wichtigsten Begriffe gelegt. Ein herauszustellender Aspekt ist hier der Beweggrund für Unternehmen, ein anderes Unternehmen zu übernehmen oder mit diesem zu fusionieren.

2.1.1 Definition von Mergers & Acquisitions

Der englische Begriff Mergers and Acquisitions findet vor allem in Fachzeitschriften Verwendung. Der Terminus dieser Begrifflichkeit lässt sich als „Fusionen und Übernahmen" definieren. In der betriebswirtschaftlichen Praxis wird dieser Aspekt insofern bezeichnet, dass sich zwei rechtlich, sowie wirtschaftlich selbstständige Unternehmen zusammenschließen, um nach der Transaktion als Wirtschaftseinheit zu agieren.[2] Eine allgemeine Abgrenzung der Begriffe Mergers (Fusionen) und Acquisitions (Übernahmen) besteht vor allem in der rechtlichen Selbstständigkeit. Im Gegensatz zu Übernahmen muss bei einer Fusion mindestens eines der beiden zusammenzuschließenden Unternehmen seine rechtliche Selbstständigkeit aufgeben. Jedoch wird bei einer Akquisition noch hinsichtlich des Produktes der Übernahme differenziert. Hierbei kann es sich um den Erwerb von Unternehmensanteilen durch das Übertragen von Gesellschafteranteilen (Share Deal) oder von Vermögenswerten (Asset Deal) handeln. Im Falle einer Akquisition wird die wirtschaftliche Selbstständigkeit komplett eingebüßt oder zu weiten Teilen eingeschränkt, jedoch kann die rechtliche Selbstständigkeit erhal-

---

[2] Vgl. Arlinghaus/Balz [2007], S. 11 f.

ten bleiben.[3]

Eine M&A-Überlegung ist durch unterschiedliche Ausgangslagen und aus diversen Beweggründen heraus motiviert. Allgemein lassen sich die Ziele und Motive auf die vier Kernthematiken Wachstum, Wettbewerbsposition, Synergien sowie Effektivität zurückführen. Der Impuls des Verkäufers, seine Anteile zu veräußern oder zu fusionieren, kann auf mehreren Aspekten basieren. Ein wesentlicher Aspekt ist das Verkaufen der Eigentümeranteile in Form eines Buy-outs, zum Ausscheiden aus dem Unternehmen.[4] Interessant in Bezug auf M&As sind die zwei Arten Management-Buy-in sowie Buy-in-Management-Buy-out. Bei Ersterem handelt es sich um den Verkauf der gesamten Eigentümeranteile an ein fremdes Management, welches das bestehende Management ersetzt. Der Buy-in-Management-Buy-out findet sich häufig in Familienunternehmen wieder, in denen kein geeigneter Nachfolger vorhanden ist und Anteile an das eigene, als auch an ein firmenfremdes Management veräußert werden.[5]

Ein weiterer Aspekt ist der Verkauf bedingt durch eine Krise, wobei ebenfalls zwischen verschiedenen Arten differenziert wird. Missmanagement oder eine fehlerhafte strategische Ausrichtung, führen häufig zu strategischen Krisen. Operative Krisen hingegen beruhen weniger auf den Entscheidungen des Managements, sondern vielmehr auf dem marktbedingten Abnehmen operativer Ergebnisse oder einem erhöhten Mangel an Ressourcen. Daraus können Liquiditätskrisen entstehen, welche in einer M&A-Überlegung resultieren. Zudem findet eine Fusion oder Übernahme häufig statt, da der Zusammenschluss mit einem größeren Unternehmen die Erfolgs- sowie Umsetzungschancen eines kleineren Unternehmens erhöht.[6]

Die genannten Aspekte lassen sich sehr gut auf die Käuferperspektive übertragen. Im Trend von M&As werden Unternehmen meist gekauft, um das Know-how um markt-, kunden- oder produktionsrelevante Informationen zu erweitern. Darüber hinaus sind M&As oft durch das erhöhen der Marktmacht oder als Kapitalanlage motiviert. Besonders die aktuell niedrige Zinspolitik fördert die Thematik zur Kapitalanlage durch M&As. Dieser Aspekt ist jedoch mehr von rein finanzieller Ren-

---

3   Vgl. Frank [2010], S. 15 f.

4   Vgl. Brasic [2011], S. 41 ff.

5   Vgl. Beinert/Henne/Reichling [2005], S. 47 f.

6   Vgl. Lützenrath/Peppmeier/Schuppener [2006], S. 3 f.; Vgl. Brasic [2011], S. 41 ff.

tabilität geprägt, als von realisierbarer Synergieeffekte. Die letzte Möglichkeit ist die Übernahme oder Fusion mit einem Unternehmen zur Diversifikation der Geschäftsfelder. Dies soll langfristig die Flexibilität sicherstellen und Innovationen generieren.[7]

Die Anzahl und das Volumen von M&As nimmt in der Weltwirtschaft stetig zu. Die Kernmärkte sind hierfür Mitteleuropa sowie Nordamerika und verzeichnen einen ähnlichen Aufwärtstrend. Innerhalb der Eurozone ist Deutschland hinter Frankreich und Spanien auf Platz drei gelistet. Dem Trend zufolge werden diese beiden Länder in Bezug auf die Anzahl und das Volumen von M&As zu Deutschland an Vorsprung gewinnen. Zurzeit finden die größten und meisten Transaktionen im Bereich Telekomunikation, Konsumgüter, Immobilien als auch Technologie statt.[8]

2.1.2 Arten von Mergers & Acquisitions

Es gibt unterschiedliche Arten von Mergers and Acquisitions, die sich unter den Aspekten Fusion und Übernahme weiter untergliedern. Wie im vorangegangenen Kapitel bereits erläutert, unterscheiden sich Akquisitionen grundsätzlich durch das Produkt der Übernahme. Im Sinne des Share Deals, beziehungsweise der Übertragung von Gesellschafteranteilen, kann zwischen verschiedenen, gestaffelten Klassifikationen differenziert werden.

Beteiligungsquote	Bezeichnung
Bis 25%	Minderheitsbeteiligung
25,1% - 49,9%	Sperrminderheitsbeteiligung
50%	Beteiligung zu gleichen Teilen
50,1% - 74,9%	Mehrheitsbeteiligung
75% - 94,9%	Dreiviertelmehrheitsbeteiligung
95% - 99,9%	Eingliederungsbeteiligung
100%	Hundertprozentige Beteiligung

Tabelle 1: Klassifikation der Anteilseigner.

(Quelle: Becker/Botzkowski/Ulrich [2016], S.4)

---

[7]   Vgl. Brasic [2011], S. 31 ff.; Vgl. Voigt [2008], S. 298.
[8]   Vgl. Intralinks [2017], S. 6 ff.

Ausschlaggebend bei der Übernahme von Gesellschafteranteilen ist der Einflussgrad, den das übernehmende Unternehmen benötigt oder anstrebt. Wie die Begriffe Sperr-, sowie Minderheitsbeteiligung bereits andeuten, ist der Einfluss gering bis gar nicht vorhanden und kann nur mit dem Zusammenschluss einer größeren Entscheidungsmacht Einfluss nehmen. Aktiver, sowie nicht überstimmbarer Einfluss auf das Unternehmen ist erst ab der Mehrheitsbeteiligung möglich. Für speziell definierte Handlungen – wie den Entscheid über Unternehmenszusammenschlüsse – gibt es bei Aktiengesellschaften meist erst ab der Dreiviertelmehrheitsbeteiligung die Möglichkeit diese selbst zu entscheiden. Die direkten Einflüsse können jedoch durch Gesellschafterverträge reguliert sein.[9]

Eine weitere Unterscheidung zwischen den Arten einer Übernahme richtet sich nach der Beziehung, die beide Unternehmen zueinander haben. Diese Unterscheidung wird bezüglich der Branche und der Platzierung innerhalb der Wertschöpfungskette vollzogen. Die bekannteste Form solcher Übernahmen ist die horizontale Akquisition. Dies bedeutet, dass ein konkurrierendes Unternehmen akquiriert wird, welches sowohl in derselben Branche, als auch auf derselben Handels- oder Produktionsstufe agiert. Diese Art der Übernahme wird häufiger zur Ausweitung der Marktanteile und -präsenz, sowie zur Stärkung der Wettbewerbsvorteile gewählt.[10] Zur Erzielung von Skaleneffekten durch das erhöhen der Wertschöpfungstiefe, greifen die meisten Unternehmen jedoch auf die vertikale Akquisition zurück. Hierbei wird ein vor- oder nachgelagertes Unternehmen übernommen, um sich die Funktion und die Marge des Unternehmens einzuverleiben. Hier wird zwischen Vor- und Rückwärtsintegration unterschieden. Eine Vorwärtsintegration bedeutet das Verkürzen der Prozessschritte bis zum Endverbraucher. Eine Rückwärtsintegration erhöht somit den Einfluss auf Beschaffung und Produktion.[11] Die letzte mögliche Form, ist die konglomerate Akquisition. In diesem Fall haben beide Unternehmen weder einen vertikalen, noch einen horizontalen Bezug zueinander. Sie befinden sich weder in derselben Branche, noch auf derselben Wertschöpfungsstufe. Genutzt wird diese Art der Akquisition zur

---

[9] Vgl. Becker/Botzkowski/Ulrich [2016], S. 3 ff.
[10] Vgl. Gattringer/Reisinger/Strehl [2013], S. 113 f.
[11] Vgl. Gattringer/Reisinger/Strehl [2013], S. 112 f.

Diversifikation, Innovation oder bezüglich der Anlage flüssiger Mittel unter Renditeaspekten.[12]

Fusionen sind ebenfalls nach spezifischer Art untergliedert. Jedoch wirken auf eine Fusion diverse Regeln und Rahmenbedingungen die vom Gesetzgeber definiert sind. Somit gibt es nach dem Umwandlungsgesetz zwei Arten von Fusionen. Es gibt die Verschmelzung durch Aufnahme und jene durch Neugründung. Gemäß §§ 36-38 UmwG, inkludiert eine Verschmelzung durch Neugründung, dass beide Unternehmen ihre rechtliche Selbstständigkeit aufgeben und eine gemeinsame, rechtliche Einheit bilden. Verschmelzung durch Aufnahme ist nach §§ 4-35 UmwG geregelt und besagt, dass eines der beiden Unternehmen seine rechtliche Selbstständigkeit aufgibt und Vermögen, sowie Verbindlichkeiten in das bestehenbleibende Unternehmen übergehen.

Aus diesem Kapitel ergibt sich bereits die Spannweite und Tiefe von M&As. Darüber hinaus wird deutlich, welche Möglichkeiten ein Unternehmen nutzen kann, um im Zuge eines M&As den größtmöglichen Output zu generieren.

2.2 Chancen und Risiken von Mergers & Acquisitions

Im Fokus dieses Kapitels werden die Chancen und damit allgemeine Erfolgsfaktoren, sowie die Risiken eines M&As dargelegt. Dabei sollen Bezüge aus der Praxis das Verständnis und die Eingliederung in das Thema erleichtern.

Obwohl M&As beliebte Maßnahmen in Wachstums- und Internationalisierungsstrategien sind und im Fokus der Medien stehen, sind sie meist erfolgsloser als erhofft. Unterschiedliche Studien belegen unterschiedliche Erfolgsquoten. Unabhängig davon tritt bei jeder Studie dieselbe Tendenz auf: Mehr als die Hälfte aller M&A-Aktivitäten scheitern. Dies bedeutet nicht gezwungenermaßen, dass die beteiligten Unternehmen insolvent werden, sich wieder voneinander abspalten oder die Umsatzzahlen stagnieren. Es bedeutet zunächst, dass die gesetzten Ziele und Erwartungen nicht eingehalten oder erreicht werden können. In vielen Fällen einer Akquisition amortisiert sich nicht einmal der geldhafte Transaktionswert.[13]

Die Motive der Übernahme eines Unternehmens aus Kapitel 2.1.1, lassen sich auf drei Klassifikationen herunterbrechen. Hierzu gehören Standortvorteile, Know-

---

[12] Vgl. Voigt [2008], S. 293.
[13] Vgl. Martin [2016], o. S.

how-Zuwächse und Verbundeffekte. Durch diese soll die Wettbewerbsfähigkeit als auch die Marktposition des Unternehmens und der Produkte gesichert werden.[14] Das allgemeine Zusammenlegen von Abteilungen soll erste Synergien realisieren und neben Kosteneinsparungen auch das Austauschen von Wissen ermöglichen. Des Weiteren sollen durch das Bilden von Shared Service Centern[15] ähnliche Synergieeffekte realisiert werden. Das Hauptaugenmerk des Managements liegt jedoch auf Größenvorteilen und Skaleneffekten. Aus Synergien und durch das Umsetzen von Rationalisierungs- sowie Kostensenkungspotenzialen soll erheblicher Profit gezogen werden. Produktivität und Effizienz stehen dabei an höchster Stelle. Bei Skaleneffekten sind die Erwartungen solch einer Transaktion an zahlenbasierte Erfolgsfaktoren gekoppelt, die gegenüber den Share- und Stakeholdern als Performancemessung vorgelegt werden können. Das Management verspricht meist höhere Umsatzzahlen und geringere Kostenbeiträge. Auf Basis von Erfahrungswerten werden diese Synergien jedoch häufig überbewertet und teilweise unrealistisch hoch angesetzt. Gründe dafür erstrecken sich von kulturellen Effekten bis hin zu Kommunikationsbarrieren.[16] Im Nachhinein neigt das Management eines gescheiterten Zusammenschlusses dazu, diesen mit signifikanten kulturellen Unterschieden zu begründen. Dies ist meist mit der Tatsache verknüpft, dass das Controlling die Unterschiede und Herausforderungen falsch eingeschätzt hat und kaum geeignete Maßnahmen entwickelt werden konnten. Jedoch belegt eine Studie von Morosini, Shane und Singh aus dem Jahre 1998, dass Zusammenschlüsse über kulturelle und geographische Grenzen hinweg in der Vergangenheit mit einer größeren Wahrscheinlichkeit Erfolg hatten als nationale M&As. Zurückzuführen ist dies auf die erheblich höhere Sensibilität bezüglich kultureller Aspekte beider Parteien, da sich das Management der Herausforderung bewusst ist. Trotz erheblicher kultureller Unterschiede bei M&A-Transaktionen, ist die Diversifikation eine der größten Erfolgschancen. Neue Aspekte und Herangehensweisen schaffen Flexibilität und fördern die Kreativität. Diese im Vorfeld zu kanalisieren und zu vereinen sollte Hauptaufgabe des Managements sein.[17]

---

14 Vgl. Zademach [2006], S. 439 f.

15 Konzentrierte Abteilungen, welche interne Aufgaben wie Marketing oder Forschung und Entwicklung übernehmen und vorher in der Organisationsstruktur dezentral gewirkt haben.

16 Vgl. Zademach [2006], S. 439 f.; Vgl. Gabler Wirtschaftslexikon Shared Services [o. J.], o. S; Vgl. Studt [2008], S. 74 f.

17 Vgl. Zademach [2006], S. 449.

Ein fehlgeschlagener Zusammenschluss kann sich langfristig auf beide Unternehmen unterschiedlich auswirken. Das Worstcase-Szenario trat 1970 zwischen den vormals konkurrierenden Eisenbahngesellschaften „New York Central" und „Pennsylvania Railroad" in Kraft. Diese fusionierten 1968 und meldeten zwei Jahre später Konkurs an. Aufgrund finanzieller Schwierigkeiten war „New York Central" auf die Fusion mit „Pennsylvania Railroad" angewiesen. Ein mangelhaft integriertes aber auch agierendes Controlling und wenig Kommunikation zwischen den Abteilungen sorgte dafür, dass die Wirtschaftseinheit nach kurzer Zeit vollkommen unwirtschaftlich und unrentabel dastand.[18]

Die theoretischen Aspekte dieses Kapitels rechtfertigen die Aussage, dass M&As ein oft notwendiger Schritt für Unternehmen sind, gegenüber Konkurrenz und Kunden breiter aufgestellt zu sein, als auch Prozesse zu schmälern und die Effizienz zu optimieren. Dem stehen jedoch die praktischen Bezüge gegenüber, aus welchen bereits Risiken und Herausforderungen resultieren. Dies wird im vierten Kapitel der vorliegenden Ausarbeitung näher analysiert.

---

[18] Vgl. Gup [2004], S. 33 f.

3 Der Prozess von Mergers & Acquisitions

Das vorliegende Kapitel befasst sich mit dem Prozess einer M&A, welche sich in drei Phasen gliedert. Beginnend mit der Vorbereitungsphase, folgt die Transaktionsphase und schließlich die Integrationsphase. Diese Phasen und alle dazugehörigen Komponenten sollen die Basis für analytische Fragestellungen darstellen, auf die im späteren Teil der Ausarbeitung eingegangen wird. Darüber hinaus soll ein erster Bezug zur Rolle des Controllers bezüglich der Überwachung und Leitung von M&A-Transaktionen hergestellt werden. Die folgende Grafik gibt einen ersten Eindruck über die einzelnen Aspekte der Phasen und die Reihenfolge der zu erarbeitenden Thematiken, was im weiteren Verlauf näher erläutert wird.

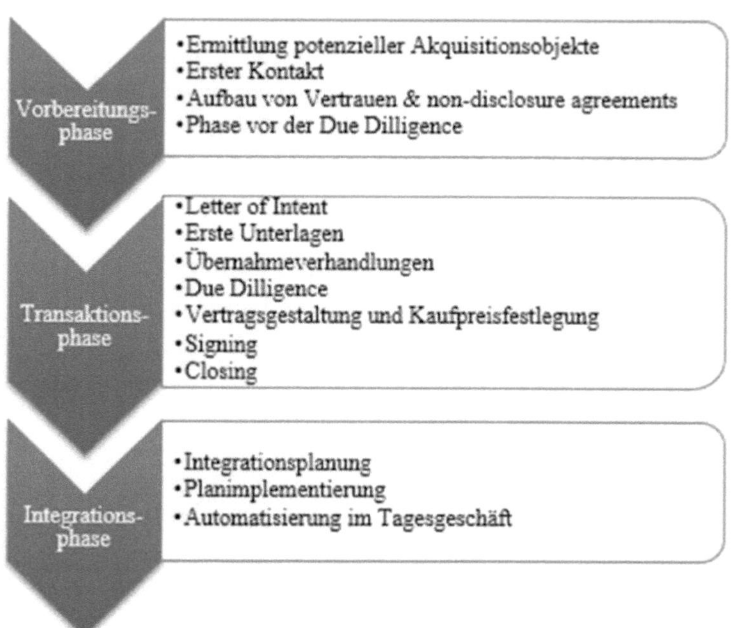

Abbildung 1: Phasen einer Akquisition und Fusion. (Quelle: Eigene Darstellung)

3.1 Vorbereitungsphase

Dieser Prozessschritt wird ferner auch Suchphase genannt. Wie der Begriff bereits andeutet, geht es um das definieren der Akquisitionsart und des -objektes. Die Vorbereitungsphase beginnt bereits mit der ersten Überlegung zur Unternehmensvergrößerung durch Zusammenschluss. Der erste Schritt dieser Phase liegt darin, zu eruieren, ob der gewünschte Zustand oder der versprochene Mehrwert einer Übernahme oder Fusion auch durch eine andere Art der Kooperation[19] erreicht werden kann. Ist dies ausgeschlossen, wird ein Projekt ausgearbeitet, dessen erste Instanz das Pre-Acquisition Management darstellt. Für dieses Management-Instrument wird im akquirierenden Unternehmen ein Integrationsmanager ernannt, welcher wichtige Teilprozesse überwacht und leitet. Eine Schnittstelle zur wechselseitigen Kommunikation zwischen Controlling und Integrationsmanager ist notwendig, um die Aktualität relevanter Informationen sicherzustellen. Darüber hinaus muss bei den beteiligten Parteien bereits das Bewusstsein der relevantesten M&A-Themen vorhanden sein. Diese resultieren aus der unternehmenseigenen, strategischen Ausrichtung, welche die Thematik der Notwendigkeit und Erfolgsvorstellung einer Akquisition bedienen sollte. Eine Übersicht sowie die Kommunikation der Themen sollte vom Controlling erstellt und kontrolliert werden.[20]

Die Vorbereitungsphase ist in weitere Teilprozesse untergliedert, die durchlaufen werden müssen, um einem Misserfolg vorzubeugen. Zunächst müssen Strukturen, Bestandteile und Trends des eigenen Unternehmens und der Umwelt analysiert werden. Daraus ergeben sich letztlich Ziele, Potenziale sowie Gefahren, auf welche durch eine M&A-Aktivität näher eingegangen werden kann. Grundlage jeglicher Analysen muss eine Vielzahl verlässlicher Informationsquellen sein, da ungenaue oder fälschliche Annahmen die Ausrichtung der gesamtem M&A-Aktivität gefährden können. Vor allem bezüglich Kennzahlen sowie Finanz- und Strukturinformationen, ist es die Aufgabe des Controllers, dem Projektmanagement belastbare Informationen bereitzustellen. Anschließend müssen zur Ermittlung potenzieller M&A-Objekte spezifische Rahmenbedingungen (Kaufpreis, Position in der Wertschöpfungskette, geographische Lage, etc.) definiert werden. Diese können

---

[19] Dazu zählen unteranderem Joint Ventures oder Allianzen, welche im Rahmen dieser Ausarbeitung nicht näher erläutert werden.

[20] Vgl. Stafflage [2005], S. 95 f.

durch die Akquisitionsart – horizontal, vertikal oder lateral – als auch durch das Transaktionsvolumen spezifiziert sein. Die Entwicklung eines eigenen Akquisitionsprofils kann das spätere bewerten der Akquisitionsziele unterstützen. Sind alle notwendigen Rahmenbedingungen gesetzt, werden entsprechende Unternehmen über alle möglichen Ebenen hinweg einbezogen. Dies geschieht über eine Betrachtung des Akquisitionsumfelds, nach dem Aspekt von Markt, Land oder Geschäftsfeld. Eine erste Einschätzung des Controllings bezüglich der Rahmenbedingungen, schränkt die Auswahlmöglichkeit immer weiter ein, bis eine interne Bewertung der Ergebnisse ein vielversprechendes Ziel hervorbringt. Diese Bewertung kann das Controlling mittels einer Nutzwertanalyse durchführen. Durch den ersten Kontakt mit dem potenziellen Fusions- oder Akquisitionsobjekt tritt an dieser Stelle auch das Aufbauen von Vertrauen und ein NDA ein. NDA bezeichnet das non-disclosure agreement, welches im deutschen als „Vertraulichkeitsvereinbarung" bezeichnet werden kann und beide Unternehmen verpflichtet, die Informationen primär zu M&A-Zwecken und nicht zum eigenen Vorteil zu nutzen. Ein NDA ist jedoch erst notwendig, sobald im Zuge des ersten Kontaktes Interesse und Bereitschaft von beiden Parteien signalisiert wird.[21] An dieser Stelle werden Teile der Due Diligence Prüfung – auf welche in der nächsten Phase näher eingegangen wird – vorweggenommen oder zumindest ein erster Ansatz geschaffen. Dazu gehört das kontinuierliche abschätzen und bewerten der aktuellen Verhandlungssituation, sowie der Verhandlungsstand bezüglich den vorher gesetzten Erwartungen und Maximen der Übernahme oder Fusion. In Bezug auf die Due Diligence erfolgt weiterhin eine erste valide Erstellung von Kaufpreisindikationen, idealerweise mit Best-, Mid- und Worstcase-Szenarien. Auch die Ergebnisauswirkung auf Ebene des EBIT oder EBT wird bestimmt, um den Ergebnisbeitrag des möglichen M&As auf Gruppenebene zu erhalten. Dies sind die Kernaufgaben des Controllings innerhalb dieser Phase und des gesamten M&A-Prozesses.[22]

In dieser vorbereitenden Phase wird bereits ersichtlich wie eng der Erfolg eines M&As an die Analysen und die unternehmensübergreifende Kompetenz des Controllings geknüpft ist. Die Integrationsphase zielt dabei auf die Ausarbeitung von Rahmenbedingungen und die Suche nach potenziellen Unternehmen ab.

---

21 Vgl. das Wirtschaftslexikon Akquisitionsplanung [o. J.], o. S.; Vgl. Stafflage [2005], S. 96 ff.
22 Vgl. Gabler Wirtschaftslexikon Due Diligence [o. J.], o. S.

3.2 Transaktionsphase

In operativer sowie strategischer Hinsicht besitzt diese Phase äußerste Relevanz, da innerhalb der Transaktionsphase alle notwendigen Verknüpfungen und Grundlagen zwischen den Erwartungen beider Parteien und einer nachhaltigen Integration geschaffen und erschlossen werden müssen. Hierbei nimmt das Controlling eine wiederkehrende Kontroll- und Steuerfunktion im Verhandlungsprozess ein, was im Falle einer Übernahme die Rentabilität stark beeinflusst.[23]

Diese Phase, welche ferner als Akquisitionsphase bezeichnet wird, beginnt mit dem Letter of Intent und ist ein wichtiger Bestandteil jeder M&A-Transaktion. Der Letter of Intent inkludiert erste Vertragspunkte und die Absicht des Vertragsabschlusses. Er dient jedoch nicht als rechtlich-verpflichtende Kaufgrundlage, sondern zur Absicherung im Falle einer langwierigen oder verzögerten Verhandlung. Sollte bis zu diesem Zeitpunkt kein NDA von beiden Parteien unterzeichnet worden sein, ist die Aufnahme des NDAs in den Letter of Intent zwingend notwendig. Dies soll Industriespionage durch das Austauschen von Informationen aus vorgetäuschten Absichten verhindern. Darüber hinaus sollen empfindliche Informationen, wie die Leistungskennzahlen aus dem Controlling, geschützt und die Wettbewerbsfähigkeit gesichert werden. Des Weiteren gibt diese Abmachung dem Projektmanagement und dem Controlling die Möglichkeit anfängliche Risiken auszuschließen und verbessert den Kommunikations- sowie den Informationsfluss. Darüber hinaus werden erste vertrauensbildende Maßnahmen ergriffen.[24] Nach ersten Einigungen beginnt nun das Austauschen notwendiger und thematikrelevanter Informationen sowie erster Unterlagen zwischen den Unternehmen. An dieser Stelle erlangen beide Parteien erste spezifische Einblicke in die Situation und die Absichten des jeweils anderen. Diese Informationen und der dadurch erreichte Kenntnisstand ergänzen oder bestätigen zuvor getroffene Annahmen. An dieser Stelle beginnen erste Verhandlungen. Der Verhandlungsprozess ist abhängig von den Diskrepanzen der Erwartungen beider Unternehmen unterschiedlich komplex und zeitintensiv.[25]

Ähnlich wie in der Vorbereitungsphase verlaufen auch in der Transaktionsphase unterschiedliche Teilprozesse zeitversetzt und übergreifend. Zwar findet die Due

---

[23] Vgl. Stafflage [2005], S. 96 ff.

[24] Vgl. Gerginov [2013], o. S.

[25] Vgl. Stafflage [2005], S. 96 ff.

Diligence Prüfung schon in der Vorbereitungsphase ihre Anfänge, jedoch wird diese hier erst finalisiert. In der Praxis ist die Due Diligence Prüfung ein übergeordneter Teilprozess, welcher mit zunehmendem Informationsgehalt über das zu kaufende Unternehmen immer mehr Antworten und Signale ausmacht. Die Due Diligence Prüfung schafft die erforderliche und belastbare Grundlage, die das Management benötigt, um mit erhöhten Erfolgschancen die Verhandlungen zu führen. Die Prüfung selbst wird in der Praxis meist von Wirtschaftsprüfern oder Unternehmensberatern in Zusammenarbeit mit dem Controlling durchgeführt. Sie dient zum einen signifikant zur Kaufpreisvalidierung und zum anderen werden rechtliche sowie strukturelle Risiken ausgewertet, die den Käufer stark belasten könnten. Zusätzlich wird der Einblick in die Strukturen, Prozesse und z.B. Produktstrategien gesteigert. Die Due Diligence setzt sich aus den vier hauptsächlichen Aspekten Steuern, Recht, Finanzen und Commercial zusammen. Innerhalb dieser Aspekte werden Szenarien den gegebenen Informationen entgegengestellt und abgeglichen. Hier ist zu ergänzen, dass die Commercial-Due Diligence Märkte, F&E-Aktivitäten und Konkurrenten durchleuchtet. Hierfür sollte so viel Zeit und Managementaufwand wie notwendig gewährt werden, da dieser Teilprozess zum einen äußerst erfolgsrelevant ist und zum anderen dem Controlling den nötigen Spielraum gibt, um diese und weitere M&A-Themen nachhaltig zu erschließen.[26]

An dieser Stelle nimmt das Controlling eine wichtige Rolle ein, da es mitverantwortlich für die finanziellen Aspekte ist. Innerhalb der finanziellen Due Diligence Prüfung werden, auf Basis der gegebenen Bilanzen, GuVs, Cashflow Rechnungen und anderer finanzieller Informationen erste Prognosen über zu erwartende Erträge getroffen. Diese sind später Hauptbestandteil der Kaufpreisermittlung und somit für beide Unternehmen äußert relevant. Jedoch sind diese Informationen mit Vorsicht zu behandeln, da die Ergebnisse der finanziellen Due Diligence Prüfung der Konkurrenz einen enormen strategischen Vorteil geben könnten, sollten die Konkurrenten an die genannten Informationen gelangen.[27] Der gesamte Prozess der Due Diligence Prüfung erstreckt sich bis zum Ende der Transaktionsphase. Im Zusammenhang mit der Transaktionsphase verläuft die Due Diligence Prüfung parallel zu den Übernahmeverhandlungen. Oft treten zeitliche Verzögerungen auf, da notwendige Informationen erst im Laufe oder nach Abschluss der Ver-

---

[26] Vgl. Becker/Botzkowski/Ulrich [2016], S. 6 f.
[27] Vgl. Reifenberger [2015], o. S.

handlungen vorliegen. In der Praxis werden virtuelle Datenräume, zur Sicherstellung einheitlicher Informationen, eingerichtet. Generell sollte die Prüfung jedoch zu einem Zeitpunkt durchgeführt werden, an welchem beide Unternehmen zu einer fortgeschrittenen Übereinkunft gekommen sind, um überflüssigen Ressourcenaufwand zu verhindern. Grundsätzlich sollte die Due Diligence Prüfung die bisher gesammelten Informationen und Annahmen weiter bekräftigen und als belastbar validieren. Bei Abweichungen, gilt es, durch das Controlling die Verhandlungsstrategie um die Ergebnisse der Prüfung zu assimilieren oder gegebenenfalls zu revidieren.[28]

Im Zuge dessen kommt das Controlling immer weiter zutragen, da mit Hilfe des Integrationsmanagers interne Vorkehrungen getroffen werden müssen, um erste Implementierungsmaßnahmen zu ergreifen. Bezüglich der Kaufpreisfestlegung nehmen Controller und Prüfer eine entscheidende Rolle ein. Diese müssen innerhalb der Due Diligence eine Preisspanne festlegen, welche den Rahmen des Kaufpreises präzise definiert. Durch unterschiedliche Finanzrechnungen von Cashflows bis hin zu Vermögensposten muss das Controlling die Rentabilität der M&A-Aktivität kontrollieren. Hierbei treffen häufig Analysen und Erwartungen der Kontrollfunktionen beider Unternehmen aufeinander, die zum Wohle der Akquisition homogenisiert werden sollten. Der Kaufpreis setzt sich aus dem ermittelten Unternehmenswert zusammen, bestehend aus den Vermögensgegenständen addiert um den Firmenwert. Der Firmenwert inkludiert dabei den Buchwert addiert um den Goodwill[29]. Zur Quantifizierung des Firmenwertes, wird vom Controlling das Top-Management herangezogen um den Mehrwert durch das Verknüpfen mit der Strategie des kaufenden Unternehmens zu ermitteln.[30] Mögliche Bestimmungsinstrumente im Kontext des Kaufpreises sind in der Praxis die Discounted Cash-Flow (DCF) Methode oder das Ertragswertverfahren. Beide werden zur umfangreichen Ermittlung des Unternehmenswertes eingesetzt und sind typische Instrumente des Controllings. Unabhängig vom Goodwill wird bei beiden Verfahren die rein zeitbezogene Wirtschaftlichkeit der Investition betrachtet. In diesem Sin-

---

[28] Vgl. Becker/Botzkowski/Ulrich [2016], S. 6 f.

[29] zu Deutsch derivater Firmenwert, ein Betrag der zusätzlich gezahlt wird um Shareholder zum Verkauf ihrer Anteile anzuregen und für finanziell ungenau ermittelbare Wettbewerbsvorteile, wie Kundenlisten.

[30] Vgl. Gabler Wirtschaftslexikon Firmenwert [o. J.], o. S; Vgl. das Wirtschaftslexikon Akquisitionsplanung [o. J.], o. S.; Vgl. Stafflage [2005], S. 98 ff.

ne werden zukünftige Zahlungsströme prognostiziert und auf den aktuellen Zeitpunkt abgezinst. Daraus folgt der Barwert der Investition. Der schlussendliche Unternehmenswert setzt sich dann aus dem ermittelten Barwert, dem abgezogenen nicht betriebsnotwendigen Vermögen sowie dem maximal realisierbaren Immobilienpreis des zukaufenden Unternehmens zusammen. Der Unterschied dieser Methoden liegt in der Bezugsgröße. Während innerhalb der Ertragswertmethode zukünftige Erträge – beispielsweise der Immobilie – berechnet werden, liegt der Fokus der DCF-Methode auf dem Barwert zukünftiger Cashflows. Zur Ermittlung werden vom Controlling weitere Kennzahlen herangezogen, wie unteranderem der vom Markt bestimmte Kapitalkostensatz Weighted Average Cost of Capital (WACC).[31]

Im Kontext von Kaufpreisermittlung und -verhandlung wird in der Praxis häufig die Earn-Out-Klausel herangezogen. Dies ist Bestandteil eines Vertrages und versetzt Käufer und Verkäufer in die Lage, das Nichteintreten von Planergebnissen im Rahmen einer Kaufpreisadjustierung zu berücksichtigen. Durch Verwendung des Earn-Outs wird der Kaufpreis in einen Basispreis und einen später gezahlten Zusatzpreis geteilt. Der Zusatzpreis stellt dabei den Earn-Out dar und wird erfolgsabhängig ausgezahlt, was an Controlling gesteuerten Kennzahlen gemessen wird. Dies wirkt einer Überbewertung des Unternehmens entgegen, welche auf mangelnder Informationsgrundlage basieren kann.[32]

Im Zuge dieser Ermittlung finalisiert sich die Vertragsgestaltung und somit auch die Transaktionsphase. Haben sich beide Parteien in allen notwendigen Punkten geeinigt, können rechtskräftige Vereinbarungen sowie Garantieverträge abgeschlossen werden. Infolgedessen kommt es zum Signing beziehungsweise der Vertragsunterzeichnung. Beim Signing handelt es sich ausschließlich um juristische Aspekte. Erst beim Closing erfolgt – je nach Asset- oder Sharedeal – das Erfüllen der Vertragsbedingungen durch Übergabe des Unternehmens und des Kaufpreises. Dieser Zeitpunkt sollte im Vorhinein vertraglich festgelegt werden, um die Risiken des Käufers zu minimieren.[33]

---

[31] Vgl. Hornung [2007], S. 17 f.; Investopedia CoE [o. J.], o. S.

[32] Vgl. Beinert/Henne/Reichling [2005], S. 30 f.

[33] Vgl. das Wirtschaftslexikon Akquisitionsplanung [o. J.], o. S.; Vgl. Becker/Botzkowski/Ulrich [2016], S. 6 f.

Durch die vorangegangenen Aspekte wird ersichtlich, dass umfassende Vorbereitung, nachhaltige Verhandlungsführung und eine weitgreifende, belastbare Prüfung der Umstände den letztlichen Erfolg der M&A-Aktivität determinieren. Der Fokus dieser Phase ist demnach eng verknüpft mit der Wahrung eigener Interessen in Verbindung mit intern und extern zu harmonisierenden Zielvereinbarungen. Das Controlling wird in vielen Prozessen dieser Phase aktiv, was das frühe Einbinden in die M&A-Aktivität bekräftigt.

3.3 Integrationsphase

Als Gegenstück zur Vorbereitungsphase wird dieser Teil als Post-Acquisition Management bezeichnet. In der Praxis häufig unterschätzt, hat die Integrationsphase äußerst hohen Einfluss auf den Erfolg sowie das zukünftige Bestehen der Unternehmen als Wirtschaftseinheit. Innerhalb dieser Phase gilt es sicherzustellen, dass die formulierten Erwartungen und Ziele im Rahmen der Integration weiterhin realisierbar bleiben. Dies geschieht Mithilfe der Nutzung von detaillierten Prozessplänen und Integrationspotenzial-Analysen. Die Integrationsphase kann in drei Phasen unterteilt werden. In der Integrationsplanungsphase werden Projektstruktur, erste Ziele und Vorgaben weiter ausgebaut und näher spezifiziert. Anschließend werden vom Controlling innerhalb der Planimplementierungsphase Ist- mit Soll-Zuständen verglichen und Strategien sowie Maßnahmen evaluiert. Im Zuge dessen werden strategische Entscheidungen getroffen, sowie ausgearbeitete Maßnahmen ergriffen. Innerhalb der letzten Phase werden Entscheidungen und Strategien in das Tagegeschäft eingebettet, führen dort zu einem automatisierten Ablauf und zum Realisieren erwarteter Synergieeffekte. Dies wird vom Controlling begleitet, um den Erhalt von Effektivität und Qualität der Arbeit sicherzustellen. Eine Vorhersage über die Dauer der gesamten M&A-Aktivität lässt sich nur schwer treffen. Eine 2016 durchgeführte Studie von Becker, Ulrich und Botzkowski zeigt, dass die Integrationsdauer von mittelständischen Unternehmen in der Regel zwischen einem Monat und vier Jahren liegt. Der Durchschnitt liegt hier bei ungefähr zwei Jahren.[34]

Wie die vorrangegangenen Kapitel verdeutlichen, kann eine Fusion oder Übernahme zwar in Phasen unterteilt werden, diese sind jedoch häufig von gleitenden Übergängen und einer schweren spezifischen Abgrenzung geprägt. Im Fokus die-

---

[34] Vgl. Studt [2008], S. 17 ff.; Becker/Botzkowski/Ulrich [2016], S. 123.

ser Erkenntnis wird weiterhin ersichtlich, wie früh die Integrationsphase eingeleitet werden sollte und welche anfänglichen Signale letztlich große Risiken und Potenziale bergen.

4 Post Merger Integration

Gegenstand des folgenden Kapitels ist die Post Merger Integration als ganzheitliches Implementierungskonzept des Controllings. Angelehnt an die vorangegangene Ausarbeitung soll nun die thematische Grundlage von M&As spezifiziert werden. Dabei wird zunächst der Gegenstand der Post Merger Integration als Instrument dargestellt und in Verbindung zu den Risiken einer Integration gebracht. Schließlich soll die Thematik durch ein praktisches Beispiel veranschaulicht werden. Weiterhin wird innerhalb dieses Kapitels näher auf die Erfolgsfaktoren und spezifizierte Misserfolge von M&A-Transaktionen eingegangen und deren Ursachen sowie mögliche Gegenmaßnahmen herausgestellt.

4.1 Kernpunkte und Erfolgsfaktoren

Zwar beginnt die Integrationsphase erst nach dem Closing, jedoch ist zu empfehlen, bis zu diesem Zeitpunkt einen möglichst detaillierten sowie wechselseitigen Integrationsplan ausgearbeitet zu haben. Dies ist jedoch häufig dadurch bedingt, dass entscheidungsrelevante Informationen dem kaufenden Unternehmen erst nach dem Closing zur Verfügung stehen. Dennoch sollte die Integrationsphase bereits parallel zu den vorangegangenen Phasen beginnen. Das Ziel dieser Phase ist vor allem die Realisation der angestrebten Synergien.[35]

Wie bereits erwähnt, beginnt die Integrationsphase mit der Integrationsplanung. Hierbei gilt das frühzeitige Bewusstsein über anzupassende und zu integrierende Prozesse sowie Strukturen als erheblicher Erfolgsfaktor. Um dies zu garantieren sollten innerhalb des Projektmanagements betroffene Prozesse als solche definiert und gekennzeichnet werden. Dies beugt schon im Vorfeld schwer kalkulierbaren Faktoren, Szenarien sowie Fehlentscheidungen vor. Spätestens nach dem Definieren und Priorisieren erfolgsrelevanter M&A-Themen sollte eine Post Integrated Merger Organisation aufgestellt werden. Eine erfolgsversprechend intakte Organisationsstruktur ist in der Praxis meist hierarchisch aufgebaut und kann wie folgt dargestellt werden:

---

[35] Vgl. Grube/Töpfer [2002], S. 45.

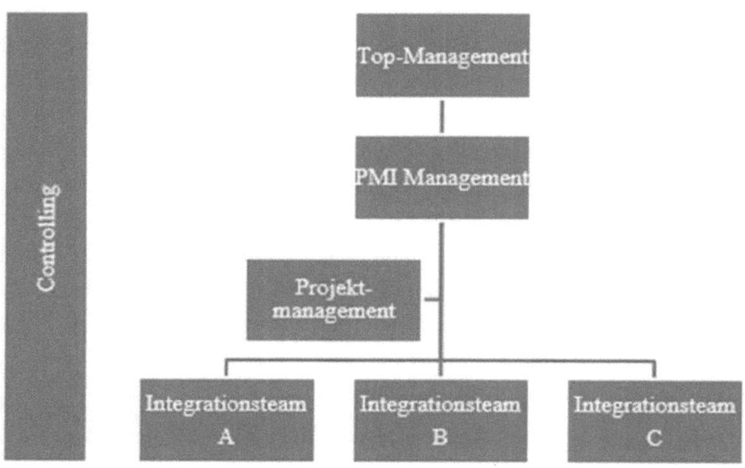

Abbildung 2: Organigramm einer PMI-Projektstruktur. (Quelle: Eigene Darstellung)

Zu erkennen sind die einzelnen Informations- sowie Entscheidungsstränge. An oberster Stelle steht das Top-Management, bestehend aus Führungspositionen beider Unternehmen. Direkt darunter befindet sich das Post Merger Integration (PMI) Management mit dem Integrationsmanager, welcher sowohl erste Instanz in Verantwortung, als auch Weisungsbefugnis des Integrationsprojekts darstellt. Auf dieser Ebene werden grundlegende sowie strategische Ziele durch Maßnahmen erschlossen. Das Projektmanagement nimmt eine beratende Funktion ein und ist als Stabsstelle in das Organigramm eingegliedert. Mit direkter Verbindung zum PMI und Projektmanagement stehen an unterster Stelle einer PMI-Projektstruktur einzeln autonome Integrationsteams, welche den Geschäftsbereichen der neuen Wirtschaftseinheit zugewiesen werden. Das Controlling ist übergreifend dargestellt, da es Informationen jeder Abteilung bezieht und steuert, jedoch überwiegend an das Top- und PMI Management berichtet. Externe Berater, wie Wirtschaftsprüfer oder Unternehmensberater, sind nicht direkt in das Organigramm eingebunden. Die übergreifende Projektstruktur sollte jedoch so angeordnet und abgegrenzt sein, dass maximale Transparenz und Flexibilität gewährleistet werden kann. Dies ermöglicht prozessbezogene Einsicht interner sowie externer Parteien. Ähnlich wie ein Controller, müssen Mitarbeiter der PMI und Integrationsteams ein ausgeprägtes Verständnis für operative Tätigkeiten aufweisen. Aufgaben, Probleme und Maßnahmen im großen Ganzen als auch detailliert skalieren zu können, ist ebenfalls von hoher Bedeutung. Dazu kommen ausgereifte, analytische und konzeptionelle Eigenschaften.[36] Zudem ist eine korrekte und harmonisierende Zusammensetzung des Top-Managements ist wichtig, denn daraus entstehen erste Entscheidungsstrategien. Des Weiteren sorgt eine Erweiterung oder wenn notwendig eine Neustrukturierung der Managementverantwortungen für eine spezifizierte Aufgabenteilung und Klarheit innerhalb der Organisation.[37]

Um das Ausschöpfen aller potenziellen Synergien in der darauffolgenden Planimplementierungsphase optimal gewährleisten zu können, wird eine umfangreiche Integrationspotenzial-Analyse benötigt, die den Integrationsplan fortlaufend in allen relevanten Bereichen unterstützt. Innerhalb dieser Analyse wird zunächst der Mehrwert einer potenziellen Synergie mit dem notwendigen Aufwand zur Realisierung abgeglichen. Später dient diese Analyse im Sinne der Planevaluation und -anpassung. In diesem Stadium der Implementierung sollte der Integrationsplan bereits Antworten über strukturelle sowie personelle Fragen beinhalten. Hierfür ist ein, vom Controlling bereitgestellter Zugang zu allen relevanten Informationen nötig. Dazu zählen beispielsweise umfassende Kennzahlensysteme, welche mit dem Vorhaben und den Zielen der M&A-Transaktion verknüpft sind.[38] Im Zuge dessen sollte die Berücksichtigung der Thematiken des operativen Geschäfts bezüglich der Integration des neuen Unternehmens regelmäßig geprüft werden, da diese nicht nur Einfluss auf den Integrationserfolg nehmen, sondern ebenfalls auch den langfristigen Erfolg der gesamten Wirtschaftseinheit determinieren. Auch hier muss das Controlling über die bereits genannten Finanzrechnungen hinweg, Ist-Zustände aufnehmen, mit Soll-Zuständen abgleichen und den Differenzen in Bezug auf Ursache sowie Wirkung nachgehen. Beispielsweise ist eine umfassende Liquiditätsplanung zwingend notwendig, um parallel zum Tagesgeschäft die Projekte der Integrationsphase zu finanzieren. In diesem Sinne wird die Liquiditätsplanung gezielt zur Risikominimierung eingesetzt. Diese Planung gibt zum einen Aufschluss über den Fortschritt als auch das tatsächliche Ausmaß der Integrationsphase und zum anderen verhindert es Mehrkosten, welche aus der Aufnahme von Krediten zur Überbrückung von finanzierungsbedingten Engpässen entstehen können. Ein Liquiditätsplan soll darüber hinaus offenle-

---

[36] Vgl. Studt [2008], S. 22 ff.; Vgl. Grube/Töpfer [2002], S. 47.

[37] Vgl. das Wirtschaftslexikon Fusionsmanagement [o. J.], o. S.

[38] Vgl. ebd.

gen, zu welchem Zeitpunkt sowie in welcher Höhe Beträge im operativen Bereich des Unternehmens anfallen werden. Dies bedeutet ferner, dass spezifizierte Vorhersagen darüber getroffen werden müssen, wann Synergie- als auch Integrationserfolge entstehen. Zwar ist der Einsatz dieser Kontrollfunktion hauptsächlich in der Integrationsphase von ausgeprägter Bedeutung, jedoch sollte dieser Aspekt auch in vorangegangenen Phasen der Fusion oder Übernahme berücksichtigt werden, um späteren Engpässen vorzubeugen.[39]

Parallel zur Durchführung der Integrationspotenzial-Analyse gilt es, das M&A-Projekt in bereichsgegliederte Einzelprojekte zu unterteilen. An dieser Stelle sollten Fähigkeits- sowie Managementsystem-Barrieren beider Unternehmen berücksichtigt werden, um Widerstände von Anfang an zu verhindern. Der Umfang dieser Einzelprojekte richtet sich dabei nach der notwendigen Integrationstiefe. Ausschlaggebend ist hierbei die Homogenisierung der Prozesse durch das abstimmen der einzelnen EDV-Systeme. Da die Vereinheitlichung ein erstrebenswertes Ziel darstellt, erfolgt eine IT-Transition-Planung vor dem Hintergrund des Umfangs und der Komplexität eines IT-Integrationsprojektes bereits während der Transaktionsphase. Bezüglich der Projekte ist zu beachten, dass ungenutzte Ressourcen identifiziert und abgestoßen werden müssen. Das Controlling ermittelt mit Hilfe von Budgets den Fortschritt der einzelnen Projekte und bestimmt das Bereitstellen neuer Ressourcen. Dies beinhaltet das kontinuierliche Abgleichen der Finanzpläne dieser Projekte mit der Liquiditätsplanung des gesamten Unternehmens. Im Zuge dessen, werden die einzelnen Finanzpläne in den Cashflow des Unternehmens eingebettet. Dabei können gravierende Abweichungen ausgemacht werden, die bezüglich Zeit und Kosten starken Einfluss auf den Projekterfolg haben. Diese Abweichungen sind vom Controlling stets zu dokumentieren und in die Integrationsstrategie zu implementieren.[40]

In dieser Phase wird weiterhin das Umsetzen von Maßnahmen zur Realisierung von Synergien (Hard Facts) betrieben und die Implementierung von weichen Erfolgsfaktoren (Soft Facts) stehen im Vordergrund. Unter weichen Erfolgsfaktoren wird unter anderem die Integration einer neuen Unternehmenskultur oder neuer Mitarbeiter verstanden. Bezüglich der Implementierung beider Arten von Erfolgs-

---

[39] Vgl. Engels [2010], S. 17 ff.

[40] Vgl. das Wirtschaftslexikon Fusionsmanagement [o. J.], o. S.; Vgl. Grube/Töpfer [2002], S. 45; Vgl. Horzella [2010], S. 88 ff.

faktoren gilt eine regelmäßige, nachhaltige sowie umfassende Erfolgskontrolle. Ist diese fehlerhaft oder unvollständig kann keine erfolgreiche Integration gewährleistet werden.[41]

Die Kernbereiche in denen sich weiche Erfolgsfaktoren finden oder bilden lassen, sind Kultur, Mitarbeiter, Prozesse, Commitment und Kommunikation. Da harte Faktoren meist in skalierbaren Messsystemen erfassbar sind, werden diese in der Praxis häufig zu Lasten der weichen Faktoren bevorzugt analysiert. Eine objektive Einschätzung des aktuellen Prozessstands dieser Erfolgsfaktoren ist hinsichtlich der schwer quantifizierbaren Soft Facts vor allem für das Controlling eine komplexe Herausforderung. Höchste Priorität gilt hier dem kulturellen Aspekt. Zunächst muss im Rahmen der Integrationspotenzial-Analyse ein Bewusstsein bezüglich Parallelen sowie Diskrepanzen zwischen beiden Unternehmenskulturen geschaffen werden. Nur eine objektive Sichtweise sowie Einstellung gegenüber einer neuen Unternehmenskultur kann Erfolg versprechen. Als Schlüsselfaktor, müssen die Mitarbeiter den Sinn hinter der M&A-Transaktion verstehen und Einsicht in den laufenden Integrationsprozess bekommen. Hierbei gilt es, den Mitarbeitern zu veranschaulichen, dass die Übernahme oder Fusion eines neuen Unternehmens eine Chance, verbunden mit einer Herausforderung, darstellt. Erst dieses Verständnis ermöglicht eine erfolgsversprechende sowie reibungslose Integration. In diesem Zusammenhang steht ebenfalls das Commitment der Mitarbeiter und Managementetagen. Diese müssen sich einbringen und Teile der andauernden Kontrollfunktion werden. Fehlendes Commitment kann inneren Widerstand hervorrufen, was die gesamte M&A-Integrationsphase entschleunigt. Dieser Aspekt gilt ebenfalls für die interne sowie externe Kommunikation. Diese haben hohen Einfluss auf nahezu jeden Erfolgsfaktor, da durch regelmäßig wechselseitige Kommunikation die Aktualität des Integrationsprozesses, die Motivation der Mitarbeiter, als auch interkulturelle Informationen gefördert werden. Kommunikationslücken können ebenfalls zu innerem Widerstand führen. Darüber hinaus hemmt es die Effektivität der unternehmensinternen Prozesse. Aufgrund ihrer situationsbedingten Skalierbarkeit, können diese jedoch auch zu den harten Erfolgsfaktoren gezählt werden.[42]

---

[41] Vgl. Studt [2008], S. 121 ff.; Vgl. Grube/Töpfer [2002], S. 104, S. 114 ff.
[42] Vgl. ebd.

Unter den harten Erfolgsfaktoren lässt sich im Rahmen dieser Ausarbeitung zwischen Synergie, Grundwerte und Ziele, Führungsorganisation, sowie dem Mehrmarken-Management unterscheiden. Wie in den vorgegangenen Kapiteln bereits dargestellt, liegt der Fokus in der Praxis meist auf der Realisierung von Synergien und dem Erschließen neuer Produktsegmente oder Märkte. Den Synergien sollte besondere Relevanz zugesprochen werden, da eine M&A-Transaktion nur dann als wirtschaftlich erachtet wird, wenn die erschlossenen Synergien den Goodwill der Transaktion überschreiten.[43] Synergien können dabei durch die Marktpositionierung, Optimierung des Integrationsgrades, Skaleneffekte oder Verbundvorteile entstehen. Skaleneffekte können über die gesamte Wertschöpfungskette hinweg als auch in weiteren Bereichen eines Unternehmens erzielt werden. Durch das Zusammenlegen von Abteilungen werden somit Degressionseffekte erzielt. Dem gegenüber stehen Verbundeffekte, welche aus der effizienteren Nutzung von Ressourcen oder dem vergrößern der Produktvielfalt entstehen. Beispielsweise können Fortschritte aus der F&E Abteilung auf mehrere Produkte mit komplementärem Einfluss wirken.[44] Ein weiterer Aspekt der M&A prozessbezogenen Synergie ist das Akquisitionscontrolling zur Bestimmung und Optimierung des Integrationsgrades, das auch Post Merger Audit genannt wird. Hier soll die Wirtschaftlichkeit der gesamten M&A-Transaktionen, sowie fokussiert der Synergien erfasst und ausgewertet werden. Bei Misserfolgen können somit Ursachen eruiert und Gegenmaßnahmen eingeleitet werden.[45] Darüber hinaus kann eine zu festigende und diversifizierende Marktposition ein ausschlaggebender Grund für eine M&A-Überlegung sein. Durch das stärken der Verhandlungsposition gegenüber Lieferanten werden somit Kosten im Einkauf gesenkt. Eine neue Führungsorganisation ist ein nächster harter Erfolgsfaktor, welcher den reibungslosen Ablauf und die Integration der Einzelprojekte in das Tagesgeschäft unterstützen. Eine frühe Abstimmung der Führungsorganisation ist in diesem Sinne zwingend erforderlich. Das Mehrmarken-Management stellt für die Führungsorganisation eine weitere Herausforderung dar. Resultiert die M&A-Aktion in einer Erweiterung des Markenportfolios, gilt es zu evaluieren, ob die hinzugefügten auf die bestehenden Marken komplementär, kongruent oder sogar konkurrierend wirken. Bezüglich konkurrierenden Marken, ist das autonome Bestehen beider Marken im Außen-

---

[43] Vgl. Studt [2008], S. 17 f.

[44] Vgl. ebd.

[45] Vgl. das Wirtschaftslexikon Fusionsmanagement [o. J.], o. S.; Vgl. Grube/Töpfer [2002], S. 45.

verhältnis bei interner Nutzung von Shared Service Centern eine rentable Strategie.[46]

Zur Sicherung des Integrationserfolgs zeichnet sich in dieser Darstellung ab, wie umfassend und gleichwertig die weichen gegenüber den harten Faktoren sind. Dies resultiert in der Annahme, dass nur eine umfangreiche Betrachtung der unterschiedlichen Erfolgsfaktoren ein positives Resultat hervorbringen kann. An dieser Stelle ist das Top-Management darauf angewiesen, dass das Controlling eine ganzheitliche Informationsbasis schafft, um Entscheidungen nachhaltig treffen zu können.[47]

Sobald Erfolgsfaktoren sowie Synergien erkannt wurden und darauf abzielende Maßnahmen durchgeführt sind, beginnt automatisch die fortschreitende Implementierung der Einzelprojekte ins Tagesgeschäft. Dabei ergreift das Post Integrated Merger Controlling weitere Maßnahmen zur Sicherung operativer Tätigkeiten. Dies bringt unterstützende und reibungslose Abläufe mit sich und im Zuge der Realisation operativer Ziele können erste motivierende Integrationserfolge gemessen werden. Die beschriebenen Reporting-Strukturen sowie Integrationserfolge sollten vom Controlling bis zum Top-Management kommuniziert und wiederkehrend in den Integrationsplan aufgenommen werden. Ein nächster Schritt ist das sukzessive Auflösen des PMI Managements mit dem parallel verbundenen Übertragen der Verantwortungen an die Bereichsleiter. Die bis zu diesem Punkt durchgeführte Planevaluation, sollte im Sinne der neuen Wirtschaftseinheit ebenfalls in das Tagesgeschäft integriert werden. Die Aktualität sowie Effektivität getroffener Entscheidungen und Maßnahmen, kann nur durch ein ständiges Hinterfragen des Controllings gewährleisten.[48]

Anhand der vorrangegangenen Ausführung lässt sich bereits hervorheben, durch welche Vielzahl an Variablen der Erfolg einer M&A-Transaktion determiniert ist. Jede Phase der Post Merger Integration, ist durch unterschiedliche Erfolgsfaktoren bestimmt und dementsprechend ausgerichtet. Anhand der Differenzierung nach quantifizierbar weichen oder harten Erfolgsfaktoren sind es vor allem die

---

[46] Vgl. Studt [2008], S. 17 f., S. 121 ff.; Vgl. Grube/Töpfer [2002], S. 104, S. 114 ff.

[47] Vgl. das Wirtschaftslexikon Fusionsmanagement [o. J.], o. S.

[48] Vgl. das Wirtschaftslexikon Fusionsmanagement [o. J.], o. S.; Vgl. Riegler/Walleyo [2013], S. 242 ff.

realisierbaren Synergien, die aus dem Blickwinkel des Top-Managements den Erfolg des M&As sicherstellen.

4.2 Integrationsrisiken

In diesem Teil der Ausarbeitung werden vorangegangene Erfolgsfaktoren auf potenzielle Integrationsrisiken untersucht. Dabei sollen mögliche Ursachen, als auch die Tragweite der Risiken erkennbar werden. Zum Kontextbezug, wird bereits auf mögliche Lösungsansätze eingegangen. Letztlich soll dieses Kapitel vorangegangene Annahmen unter neuen Aspekten kanalisieren und für die spätere Analyse bereitstellen.

Die häufigsten Gründe für das Scheitern eines M&As sind auf eine unzureichende Due Diligence Prüfung zurückzuführen. Meist unter dem Aspekt unterschiedlicher strategischer sowie kultureller Ausrichtung, abweichender Unternehmensbewertung, unrealisierbarer Ziele und eine mangelhafte Planung sowie Umsetzung der PMI Phase. Integrationsrisiken sind in die vier klassischen Risikoklassen Struktur, Projekt, Synergie, Mitarbeiter sowie Kultur unterteilbar und werden im Folgenden näher beleuchtet.[49]

4.2.1 Strukturrisiken

Zunächst stellt sich die Frage, ob beide Unternehmen gleichwertig fusioniert werden oder das eine Unternehmen so angepasst wird, dass es vollständig in die Struktur des anderen Unternehmens integriert werden kann. Darauffolgend werden potenzielle, strategische Entscheidungsrichtungen weiter eingegrenzt. Zunächst wird sich mit der Neugestaltung, beziehungsweise der Vernetzung neuer mit bestehender Prozesse befasst. Um Synergien erzeugen zu können, muss die Leistungsfähigkeit der Prozesse gesteigert und ihre Strukturen vereinfacht werden. Je weiter das Produktportfolio, Märkte und Zielgruppen voneinander abweichen, desto mehr Prozesse müssen homogenisiert werden und umso höher ist das Risiko. Bei der Bewertung sowie Einschätzung der Prozesse sollte vor allem vom Controlling Objektivität gewahrt werden. Eine Fehleinschätzung oder Fehlentscheidung könnte später zu Unstimmigkeiten innerhalb der Organisation führen.[50]

---

[49] Vgl. Riegler/Walleyo [2013], S. 242 ff.; Vgl. Hamm/Pfefferle [2016], S. 136 ff.
[50] Vgl. Riegler/Walleyo [2013], S. 244.

Ein nächster Punkt sind die Organisationshierarchien in beiden Unternehmen. Grundsätzlich ist es nur schwer möglich, unterschiedliche Hierarchiemodelle ineinander zu integrieren. Spätestens bei den Mitarbeitern birgt dies Probleme, da sie völlig andere Entscheidungs- oder Verantwortungskonzepte gewohnt sind. Hierbei besteht vorwiegend das Risiko, dass die gewünschten Veränderungen nicht angenommen und vereinzelt Strukturen oder Prozesse aus dem alten Unternehmen beibehalten werden. Eine ausschlaggebende Maßnahme könnte das Bereitstellen strukturrelevanter Informationen sein. Im Zuge einer feindlichen Übernahme ist diese Maßnahme dem Controlling oft erschwert, da der Erfolg der M&A-Transaktionen vom übernommenen Unternehmen oft nicht hinreichend gefördert wird und kaum Eigeninitiative der betroffenen Mitarbeiter besteht. Dementsprechend muss das Tempo der Integration an das Implementieren neuer Prozesse angepasst werden.[51]

Zwar sind strukturelle Risiken eher von strategischen Entscheidungen geprägt, jedoch ist es hier umso wichtiger das operative Geschäft ebenfalls zu betrachten. Dazu gehört das Abstimmen über strategische Entscheidungen mit operativen Erfahrungswerten, welche vom Controlling durch kennzahlenbasierte Systeme gefiltert und bereitgestellt werden. Darüber hinaus gilt eine zügige Integration getroffener Entscheidungen in das Tagesgeschäft, um verändernden Umweltbedingungen voraus zu sein und das Integrationsrisiko weitestgehend zu minimieren.[52]

4.2.2 Synergierisiken

Synergierisiken beschreiben die Gefahr, dass Synergieeffekte nicht im erwarteten Ausmaß realisiert werden konnten und somit aufbauende Maßnahmen verhindern. Eine vom Controlling mangelhaft durchgeführte Integrationspotenzial-Analyse kann somit in überbewertetem Synergiepotenzial resultieren. Dem gegenüber werden Integrationsaufwand und Integrationskosten häufig unterschätzt. Maßnahmen, welche aus den Ergebnissen dieser Analyse heraus abgeleitet sowie ergriffen wurden, sind dann oft falsch ausgerichtet. Ähnlich kann auch die Planimplementierung von fehlerhaften Informationen oder Analysen geprägt sein. Nur das detaillierte sowie vollständige definieren der Prozessschritte, als

---

[51] Vgl. ebd.

[52] Vgl. Riegler/Walleyo [2013], S. 244; Vgl. Hamm/Pfefferle [2016], S. 136 ff.

auch das Aufstellen einer präzisen zeitlichen Abfolge ermöglicht das korrekte Einschätzen von Synergien und ein daraufhin abgestimmtes Einleiten notwendiger Maßnahmen. Aus diesen Erkenntnissen heraus lässt sich zunächst die Annahme ableiten, dass durch die wiederkehrende Veränderung der Markt- und Umweltbedingungen die Synergieumsetzung stetig kontrolliert und angepasst werden muss. In Anlehnung an diese Veränderungen wird ebenfalls die Notwendigkeit nach Flexibilität der Integrationsstruktur herausgestellt, was vor allem zum Ausgleichen von Planinterdependenzen erforderlich ist. Hierbei muss der Mehrwert der Synergie ständig den Implementierungskosten gegenübergestellt werden, denn mit zunehmender Integrationstiefe und Fortschritt der Integrationsphase steigt meist auch die Komplexität der Synergieumsetzung. Demzufolge lässt sich behaupten, dass mit fortschreitender Integration auch die Dringlichkeit nach weiter zu ergreifenden Maßnahmen zunimmt. Wurden also in diesem Zuge nicht hinreichende Zeit- sowie Implementierungspläne formuliert, ist es für das PMI Management sowie das Controlling immer schwieriger den Überblick zu behalten, als auch Informationen zeitgerecht zu evaluieren sowie bereitstellen zu können. Dies wiederum erhöht potenzielle Synergierisiken.[53]

4.2.3 Mitarbeiterrisiken

Mitarbeiterrisiken entstehen aus der schweren Skalierbarkeit bezüglich der Effektivität ergriffener, personeller Maßnahmen. Hierbei sind meist innere Widerstände, ein fehlendes Integrationsverständnis sowie die Leistungsbereitschaft der Mitarbeiter ausschlaggebend. Dies wird oft durch Unsicherheit hervorgerufen, dass sich Mitarbeiter um ihr Bestehen im neuen Unternehmen sorgen. Daraus folgen eine steigende Mitarbeiterfluktuation und das Umsetzen von Maßnahmen oder Implementieren neuer Prozesse wird, wie bereits erwähnt, stark erschwert. Das Top-Management muss an dieser Stelle ein gemeinschaftliches Gefühl zwischen den Mitarbeitern beider Unternehmen schaffen und über alle Hierarchieebenen hinweg eine übergreifende Unternehmensidentität erarbeiten. Weiterhin ist bezüglich der personellen Risiken der Stellenabbau nachhaltig zu gestalten. Grundsätzlich gilt: Je weitgreifender der Stellenabbau, desto komplexer und hemmender schreitet die Integration voran. Zunächst ist festzustellen, dass der Stellenabbau sowohl die unterste Hierarchieebene, als auch das Top-Management

---

[53] Vgl. Riegler/Walleyo [2013], S. 237 ff.; Vgl. Hamm/Pfefferle [2016], S. 142 ff.

betrifft. Dabei ist drauf zu achten, dass im Top-Management die Interessen des Unternehmens fortlaufend gewahrt werden.[54] Ist dies nicht der Fall, entsteht häufig das Principal-Agent-Problem. Dabei gehen Management und Geschäftsführung (Agent) persönlichen Zielen nach, wie beispielsweise dem Erhalt der eigenen Position und übergehen die eigentlichen Unternehmensziele der Eigentümer oder Shareholder (Principal). Dieser Zustand oder dieses Problem ergibt sich aus dem Zurückhalten relevanter Informationen bis hin zum bewussten Bereitstellen oder Weitergeben falscher Informationen, was auch Moral Hazard genannt wird.[55] Die Aufgabe des Controllers ist es hier, eine objektive sowie überwachende Funktion einzunehmen und den Informationsfluss wechselseitig zu steuern.[56]

Ein paritätischer Stellenabbau ist im Sinne der Mitarbeiterzufriedenheit sehr erstrebenswert und häufig durch politischen Einfluss erzwungen. Dennoch bestimmen in der Praxis meist Sachzwänge und Synergiepotenziale über den Ort des Abbaus. Bei ungleichem Stellenabbau, wird dem gesamten Integrationsvorgang Subjektivität und mangelnde Gleichberechtigung seitens der benachteiligten Mitarbeiter vorgeworfen. Im Sinne der neuen Unternehmung sollten alle Mitarbeiter objektiv bewertet und demnach ersetzt werden. Ansonsten wird der notwenige Transfer von Knowhow zwischen den Mitarbeitern riskiert, sowie das gemeinschaftliche Zusammenarbeiten, welches den gesamten Transaktionserfolg determiniert. Darüber hinaus läuft der Erfolg der neuen Wirtschaftseinheit Gefahr, dass potenzielle sowie qualifizierte Mitarbeiter oder Führungskräfte das Unternehmen verlassen.[57]

Bezüglich der vorrangegangenen Erkenntnisse besteht eine Überleitung sowie Verknüpfung zwischen operativen Aufgaben und strategischem Vorhaben. Hierfür sollten Informationskanäle für Kunden, Mitarbeiter und Geschäftspartner geschaffen werden, welche sich in Form eines Intranets oder Informationsveranstaltungen umsetzen lassen. Diese Maßnahmen verhindern das Aufkommen fehlerhafter Informationen und stärken die Unternehmenszugehörigkeit. Wie bereits erwähnt, gelingt dies nur, wenn die Top-Management Ebenen möglichst früh ver-

---

[54] Vgl. Riegler/Walleyo [2013], S. 244; Vgl. Hamm/Pfefferle [2016], S. 140.

[55] Vgl. The Economic Times [o. J.], o. S.

[56] Vgl. Riegler/Walleyo [2013], S. 244; Vgl. Hamm/Pfefferle [2016], S. 140.

[57] Vgl. ebd.

zahnt werden und personelle Entscheidungen sowie Maßnahmen in beidseitigem Interesse und nach rationaler Abwägung aller Möglichkeiten geschehen.[58]

4.2.4 Kulturrisiken

Angelehnt an die Mitarbeiterrisiken, sind die kulturellen Risiken ebenfalls für den langfristigen Erfolg des Unternehmens verantwortlich und bergen dementsprechend eher intransparente aber langfristige Risiken und Chancen. Zum einen stellt bereits das Bewusstsein von kulturellen Unterschieden zwischen den beiden Unternehmen eine große Herausforderung dar. Obwohl sprachliche sowie verhaltensbedingte Differenzen unschwer zu identifizieren sind, ist es meist problematisch zu evaluieren, nach welchen Normen und Werten die Mitarbeiter agieren und welche innerhalb ihrer Kultur existieren. Können diese nicht eindeutig identifiziert und abgegrenzt werden, droht eine mangelnde Integration des Unternehmens, durch inneren Widerstand und Demotivation. Die Mitarbeiter beider Unternehmen fühlen sich demzufolge Missverstanden oder herabgewürdigt. Des Weiteren können bei einer grenzübergreifenden M&A-Transaktion Diskrepanzen zwischen den Länderkulturen vorhanden sein, was das Integrieren beider Kulturen ebenfalls erschwert, da die unterschiedlichen Ansichten weitaus tiefer verankert sind. Erst wenn diese Punkte im Integrationsplan vollständig berücksichtigt sind, können Maßnahmen zum Abbau von kulturellen Unterschieden erfolgreich umgesetzt werden. Je nach Umfang der abzubauenden Unterschiede kann der Aufbau einer einheitlichen Unternehmenskultur erst zeitversetzt und stufenweise geschehen. Diese gesamte Thematik wird im Eisberg Modell dargestellt und in der Praxis oft zur Veranschaulichung genutzt.[59]

---

[58] Vgl. ebd.
[59] Vgl. Hamm/Pfefferle [2016], S. 137 ff.

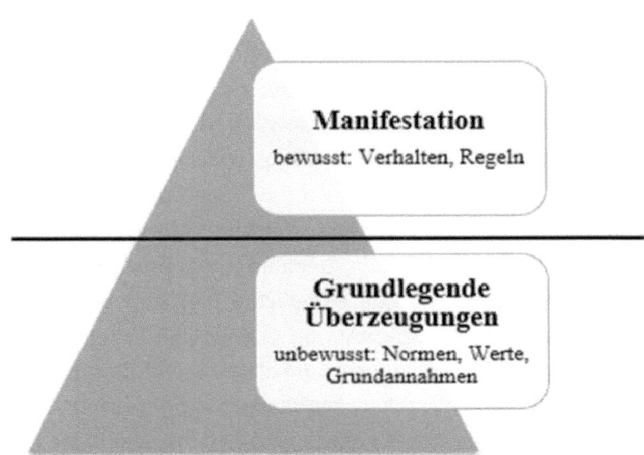

Abbildung 3: Eisberg Modell. (Quelle: Eigene Darstellung in Anlehnung an Berkemer/Heinritz/Wanzel [2012], S. 136)

Wie in der Abbildung dargestellt wird, sind die kulturellen Bestandteile in zwei Klassifikationen unterteilt. Oben befindet sich die Manifestation. Dies sind bewusste und leicht identifizierbare Regeln und Verhaltensweisen, welche nach außen gezeigt und auch aktiv gelebt werden. Beim Treffen auf andere Kulturen ist es anhand der Manifestationen möglich, erste Differenzen aufzuzeigen. In der unteren Hälfte befinden sich grundlegende Überzeugungen, die meist schwerwiegender sind und auf grundsätzlichen Annahmen und Vorstellungen basieren. In der Regel sind sie unbewusst und reflektieren die Normen und Werte einer Kultur. Diese grundlegenden Charakteristika auszumachen ist für das Controlling eine erhebliche Herausforderung, da sie mit keinem gängigen Controllinginstrument erfasst und ausgewertet werden können.[60]

4.2.5 Projektrisiken

Projektrisiken entstehen überwiegend aus mangelnden Fähigkeiten sowie Kenntnissen der entscheidungsbefugten Personen innerhalb der PMI Phase. Wenn weder das PMI Management noch die Controller oder das Top-Management Erfahrungswerte bezüglich einer M&A-Transaktion oder M&A-Integration vorweisen können, besteht erhöhte Vorsicht bei Planung als auch Umsetzung der Maßnah-

---

[60] Vgl. Berkemer/Heinritz/Wanzel [2012], S. 134 ff.; Vgl. Hamm/Pfefferle [2016], S. 137 ff.

men. Das Risiko entsteht hierbei hauptsächlich, wenn die Verantwortlichen nicht in der Lage sind potenzielle Risiken, Chancen und Synergien zu erkennen. Zur erfolgreichen Umsetzung ist die Fähigkeit vorausgesetzt, Situationen analytisch erfassen zu können und Schlussfolgerungen sowie Verbindungen zwischen Zusammenhängen zu ziehen, weshalb das Controlling, welches sich in diesen Fähigkeiten wiederfindet, einen starken Einfluss auf das Projektrisiko nimmt. Besteht tatsächlich ein Defizit in Erfahrung, Fähigkeit oder Informationsstand, so ist es umso wichtiger, dass alle verantwortlichen Parteien im Integrationsprozess zusammenarbeiten. Dabei ist neben der bereits erläuterten PMI Projektstruktur auch die damit einhergehende Personalkapazität von außerordentlicher Bedeutung. Sollten dem Projekt- sowie PMI Management nicht genügend finanzielle und personelle Ressourcen zur Verfügung stehen, kann langfristig der Erfolg der Integration durch Überbelastung der Mitarbeiter und unzureichend erledigter Aufgaben gefährdet werden. In Bezug darauf wäre mit zeitlichen Verzögerungen zu rechnen. Unter diesen Umständen muss das Controlling die Planung und Budgetierung der Einzelprojekte äußerst korrekt durchführen, um weder Ressourcen zu verschwenden, noch die Projekte zu hemmen. Wie bereits erwähnt, nimmt hier besonders das Controlling eine wichtige Rolle ein, da es für das Bereitstellen prozessrelevanter Informationen, sowie für die Transparenz der Prozesse und den Integrationsfortschritt verantwortlich ist.[61]

---

[61] Vgl. Riegler/Walleyo [2013], S. 244 f.; Vgl. Hamm/Pfefferle [2016], S. 146 ff.

5 Die Daimler Chrysler Fusion

Innerhalb des nachfolgenden Kapitels, wird die Fusion der beiden Automobilkonzerne Daimler-Benz und Chrysler beschrieben, welche nach circa neun Jahren ihre Zusammenarbeit Rückgängig gemacht haben. Nach einer detaillierteren Übersicht des gesamten Mergers sowie der einzelnen Unternehmen, wird auf spezifische Aspekte im Zusammenhang mit der Post Merger Integration eingegangen. Diese Aspekte sollen im Nachhinein verdeutlichen, an welchen Risikopunkten die M&A-Aktion schließlich gescheitert ist. Später wird aus der Controlling-Perspektive, Stellung zu den beschriebenen Umständen genommen.

5.1 Unternehmensprofile

Daimler-Benz und Chrysler sind zwei konkurrierende Automobilkonzerne, die jedoch auf diversen Ländermärkten völlig unterschiedlich präsent sind. Im Jahr vor der großen DaimlerChrysler Fusion 1998 gehörten beide Konzerne mit Jahresumsätzen zwischen 60 und 70 Milliarden US-Dollar zu den größten Anbietern innerhalb der Automobilindustrie. Während sich die Daimler-Benz AG über mehrere Ländermärkte diversifiziert hatte, blieb die Chrysler Corporation bis 1997 überwiegend auf den nordamerikanischen Markt fokussiert.

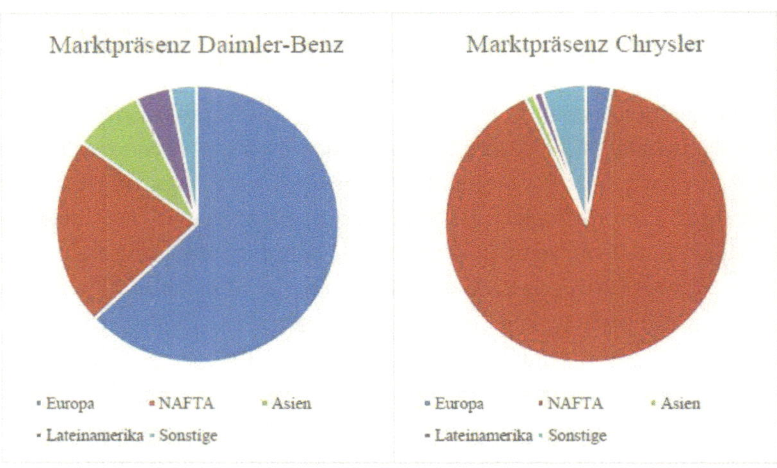

Abbildung 4: Marktpräsenz von Daimler-Benz und Chrysler im Vergleich (Quelle: Eigene Darstellung in Anlehnung an Grube/Töpfer [2002], S. 61).

Beide Automobilkonzerne bedienten zu kleinen Teilen den asiatischen sowie den lateinamerikanischen Wirtschaftsraum, erwirtschafteten jedoch den Großteil ihres Umsatzes auf dem Heimatmarkt. So verzeichnete Chrysler 90% des Umsatzes 1997 innerhalb der NAFTA. Mit dem angebotenen Produktportfolio waren sie nur zu 3% in Europa vertreten. Daimler-Benz hingegen war zu 63% auf dem Heimatmarkt Europa vertreten und vertrieb einen Anteil von 22% der konzerneigenen Automobile in der NAFTA. Dieser Markt wurde erst in den vorangegangenen Jahren und durch die erfolgreiche Einführung der Mercedes M-Klasse, erschlossen. Lateinamerika wurde ebenfalls nur geringfügig beliefert, jedoch lag im Gegensatz zu Chrysler zu dieser Zeit bereits ein gewisser Fokus auf Asien.[62] Durch diese Zahlen und Daten lässt sich bereits erkennen, wie sich beide Unternehmen bezüglich der bedienten Ländermärkte Ergänzen können. Hauptsächlich innerhalb der Heimatmärkte können beide Konzerne die Absatzzahlen des jeweils anderen fördern. Über den Aspekt der Ländermärkte hinaus können beide Parteien vom wechselseitigen Austausch der Kompetenzen sowie des Know-hows profitieren. Mit etwas mehr als einer Million verkaufter Automobilen lag der Daimler-Benz Konzern weit hinter Chrysler, die zu der Zeit rund drei Millionen Fahrzeuge absetzten. Bezüglich der Flexibilität, Produktionsgeschwindigkeit als auch der Vertriebsstrategien könnte Daimler-Benz von Chrysler dazulernen. In Sachen Qualität und finanzieller Aspekte jedoch haben die Deutschen mehr Kompetenz vorzuweisen. In Anbetracht der Jahresabschlüsse weist Daimler trotz der geringeren Stückzahl einen knapp 8 Milliarden höher erwirtschafteten Umsatz, sowie einen absolut gesehen doppelt so hohen Nettogewinn aus.[63] Zum Zeitpunkt des Mergers hatte die Daimler-Benz AG ihre Geschäfte bereits auf fünf Kernbereiche ausgeweitet. Zu diesen gehört das Segment für Personenwagen, Nutzfahrzeuge, Luft- und Raumfahrt, Dienstleistungen als auch direkt geführte industrielle Beteiligungen. Mit einem Anteil von rund 72 Prozent am Operating Profit, sowie einem Return-On-Investment (ROI) von 5,8% war für Daimler das Geschäft mit Personenwagen weiterhin das profitabelste. Danach kam das Dienstleistungsgeschäft mit einem ROI von 2,8%, dicht gefolgt von dem Segment für Nutzfahrzeuge sowie Luft- und Raumfahrt. Lediglich mit direkt geführten industriellen Beteiligungen machte Daimler 1997 Verluste in Höhe von 129 Millionen DM. Zudem war das operative

---

[62] Vgl. Grube/Töpfer [2002], S. 61; Vgl. Chrysler Corporation [1998], S. 7 f., S. 25 f., 122 f.; Vgl. Daimler-Benz AG Geschäftsbericht 1997 [1998], S. 8.

[63] Vgl. Chrysler Corporation [1998], S. 33 ff.; Capital [2016], o. S.

Geschäft von Daimler seit einigen Jahren von positiven Entwicklungen geprägt, welche sich aus der steigenden Kaufkraft der Kunden, sowie der fortschreitenden Globalisierung ergaben.[64]

Im Gegensatz zu Daimler-Benz, besaß Chrysler 1997 bereits ein ausgedehntes Produktportfolio. Erstreckt über vier Tochtermarken, wurden von Chrysler Personenwagen, Trucks, als auch Minivans vertrieben. Jedoch erkannte auch Chrysler zu dieser Zeit das Potenzial vom Dienstleistungsgeschäft und bot mit einer „Chrysler Financial Corporation" Kunden sowie Händlern diversifizierte Finanzierungsinstrumente an.[65] Aus den vorangegangenen Punkten lässt darauf schließen, dass bis auf wenige Unterschiede beide Automobilkonzerne in weitreichenden Aspekten ähnlich aufgestellt waren, es dennoch in strategischer Hinsicht grundlegende Abweichungen gab. Hierzu gehört die grundlegende strategische Ausrichtung in Form der Kostenführerschaft von Chrysler im Gegensatz zur Qualitätsführerschaft von Daimler-Benz.

5.2 Transaktion der DaimlerChrysler Übernahme

Am 7. Mai 1998 wurde der „Merger of Equals", zu Deutsch als Fusion unter Gleichberechtigten zu verstehen, an die Öffentlichkeit bekanntgegeben. Das Stakesowie Shareholder der Fusion übermäßigen Erfolg zusprachen, kann am sprunghaft gestiegenen Aktienkurs festgemacht werden. Die Ziele der Fusion Seitens der Unternehmen waren eindeutig: Skaleneffekte, Kostensynergien sowie der unterstütze Ausbau der globalen Marktpräsenz. Bereits Ende desselben Jahres wurden Daimler-Benz AG sowie Chrysler Corporation Anteile ausgetauscht und konsolidiert als DaimerChrysler Aktie gehandelt. Demnach ging der Fusion beider Unternehmen eine sechs monatige Vorbereitungsphase voran. Innerhalb dieser Phase wurden neben den bereits erläuterten Bestandteilen einer Transaktionsphase – Kaufpreisermittlung, Vertragsgestaltung, etc. – auch erste Vorkehrungen getroffen sowie Überlegungen angestellt um die Integration beider Unternehmen gewinnbringend einzuleiten. Zu dieser Zeit gab es kaum vergleichbare Fusionen, an denen die Beteiligten Erfahrungswerte hätten ablesen können. Dementsprechend war dem Top-Management nicht bewusst, welches Ausmaß ein Merger auf die bestehenden internen sowie externen Geschäftsbereiche nimmt. In diesem Sinne

---

[64] Vgl. Daimler-Benz AG Geschäftsbericht 1997 [1998], S. 2 ff.
[65] Vgl. Flint [1997], o. S.

wurden im Zuge der Transaktionsphase entscheidende Überlegungen außenvorgelassen. Darunter zählt der erfolgsrelevante kulturelle Aspekt. Bedingt durch das zügige Voranschreiten der Transaktion wurde sich auf die finanzielle Due Diligence Prüfung fokussiert, um ambitionierte und realitätsnahe Synergiepotenziale zu ermitteln. Das Übergehen notwendiger Überlegungen, personelle sowie kulturelle Risiken betreffend, hat schließlich den Erfolg der gesamten Fusion gefährdet.[66]

5.3 Integration von DaimlerChrysler

Die Tatsache, dass Chrysler von Daimler im Jahre 2007 als intakte Wirtschaftseinheit verkauft wurde, lässt bereits darauf schließen, wie wenig erfolgreich die Integration der beiden Automobilkonzerne letztlich verlief. Die anschließende Erörterung, sowie Analyse der Integrationsphase innerhalb des DaimlerChrysler Mergers soll Antworten bezüglich dieses Aspekts liefern.[67]

Auf Basis der dargelegten Informationen im Kontext des DaimlerChrysler Mergers lassen sich bereits unterschiedliche Charakterzüge der beiden beteiligten Unternehmenskulturen identifizieren. Die unternehmensweite Kultur des ehemaligen Daimler-Benz Konzerns war geprägt von traditionellen und konservativen Ansichten, einer zentralen Entscheidungskompetenz und einem Fokus auf Qualitätsstandards. Dies steht im Gegensatz zur Unternehmenskultur der Chrysler Corporation, welche sich durch flexible und kostenorientierte Prozesse als auch dezentral organisierte Strukturen auszeichnete. Die hier aufgezeigten, grundlegenden Differenzen bezüglich kultureller Normen, Werte, sowie Ansichten, ergeben im Zusammenhang mit der Relevanz kultureller Risiken ein stark gemindertes Erfolgspotenzial der gesamten Fusion. Jedoch wurden innerhalb der Planungsphase zur Integration zahlreiche Erfolgsfaktoren berücksichtigt, welche bis dato den langfristigen Transaktionserfolg sicherstellen sollten. Dazu gehörte in erster Instanz das Bilden eines kompetenten Top-Managements aus der Zusammenlegung beider Managementebenen. Ebenso wurden Synergien identifiziert, klassifiziert, sowie bewertet. Daraus wurden Maßnahmen abgeleitet und einzelne Integrationsprojekte gebildet. Des Weiteren wurde sichergestellt, dass Fortschritte und Erkenntnisse aus den Projekten in einem vier bis sechs wöchigen Abstand an eine

---

[66] Vgl. The Economist [2000], o. S.; Vgl. Watkins [2007], o. S.
[67] Vgl. The Economist [2000], o. S.

projektübergreifende Ratsversammlung berichtet werden mussten. Dort bestand eine Schnittstelle zum Controlling, welches Budget- als auch Zeitpläne vorgab. Somit konnte eine einheitliche Entscheidungsstrategie entwickelt werden, welche stetig aus der Wachstums- sowie Integrationsstrategie adaptiert wurde. Weiterhin entwarf das Top-Management eine neue ganzheitliche Controllingstruktur, eng verknüpft mit dem Risikomanagement, was die Standardisierung von Controllinginstrumenten ermöglichte und somit erste Kostensynergien realisierte.[68] Daraus lässt sich schließen, dass eine Vielzahl der notwendigen Maßnahmen zur erfolgreichen Integration ergriffen worden sind und aus Sicht des damaligen Top-Managements die erforderlichen Anforderungen erfüllten. Doch schon damals hätten die beteiligten Personen erkennen können, dass der Fokus oder die Perspektive in jeglicher Weise nicht ganzheitlich ausgerichtet wurde. Jürgen E. Schrempp, der damalige Chief Executive Officer von DaimlerChrysler und Hauptverantwortliche des Mergers, hat bereits im ersten gemeinsamen Geschäftsbericht des Jahres 1998 geäußert, dass der Integrationserfolg am Umsatz, sowie am Eigenkapital gemessen werde. Hier hätte das Controlling oder das Risikomanagement eingreifen müssen, da diese Abteilungen sowohl den Informationsfluss, als auch die Performancemessungen durchführen oder steuern. In diesem Sinne ist es Aufgabe des Controllings und des Risikomanagements eine ganzheitliche sowie auch umfassende Beurteilung von Maßnahmen und die Betrachtung des Fortschritts sicherzustellen. Daraus folgend erwiesen sich ergriffene Maßnahmen nur als bedingt wirkungsvoll. Die Verknüpfung von Controlling und Risikomanagement sollte potenzielle Risiken identifizieren, jedoch wurden durch die Beschränkung auf kennzahlenbasierte Erfolgsfaktoren relevante Risiken potenziert. Aus operativer Sicht waren alle Risiken kalkuliert, wie beispielsweise Währungsschwankungen, jedoch wurden strategisch kulturelle Risiken bei der Integrationsplanung nicht berücksichtigt.[69]

---

[68] Vgl. The Economist [2000], o. S.; Vgl. DaimlerChrysler AG Geschäftsbericht 1998 [1999], S. 18, 59 ff.

[69] Vgl. DaimlerChrysler AG Geschäftsbericht 1998 [1999], S. 59 ff.

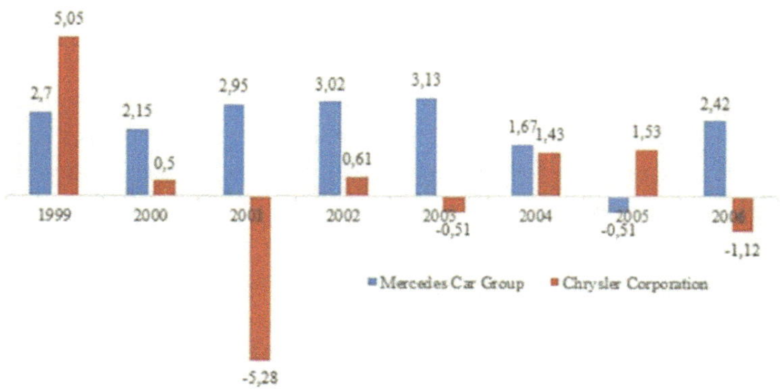

Abbildung 5: Operating Profit von Mercedes und Chrysler im Vergleich in Mrd. Euro. (Quelle: Eigene Dar-stellung in Anlehnung an Frankfurter Allgemeine Zeitung Sanierung [2007], o. S.)

Nach dem Höhepunkt 1999 des konsolidierten Umsatzes und operativen Gewinnes war der DaimlerChrysler Konzern bis 2006 von unzureichenden Jahresergebnissen geplagt. Vor allem 2001 erwirtschaftete Chrysler ein negatives operatives Ergebnis von über fünf Milliarden Euro, was auf einer Ertragskrise auf dem amerikanischen Markt zurückzuführen war. Bis 2005 erholte sich Chrysler nur schleppend auf 1,5 Milliarden Euro operativen Gewinn und sank im Folgejahr wieder auf -1,12 Milliarden Euro. Lediglich Daimler konnte einen leicht schwankenden, aber dennoch stetig wachsenden Anstieg auf bis zu 3,13 Milliarden Euro verzeichnen, welcher 2005 durch einen Verlust von minus 510 Millionen Euro unterbrochen wurde.[70] Diese Umstände zwangen das Top-Management sich kurzfristig auf operative Ergebnisse zu konzentrieren, da ein resultierend absinkender Börsenkurs die Aufmerksamkeit sowie den Druck der Öffentlichkeit auf den Automobilkonzern drastisch erhöhte. Schnelle Erfolgserlebnisse waren hier dringend notwendig, welche sich nach Erfahrung am ehesten im operativen Bereich realisieren lassen. Jedoch lagen bezüglich des Realisierens von Synergien grundlegende Schwierigkeiten vor, die das Controlling im Zuge der Due Diligence hätte identifizieren können. Der größte Teil versprochener Kostensynergien sollte durch Skaleneffekte innerhalb der Produktion realisiert werden. Im Zuge näherer Überlegungen wurde dem Management jedoch bewusst, dass die Produktionen

---

70   Vgl. Frankfurter Allgemeine Zeitung Sanierung [2007], o. S.

beider übergeordneter Marken aus Kosten- und Qualitätszwecken weiterhin vollständig parallel bestehen mussten. Fahrzeuge von Daimler hätten durch Teile von Chrysler an Qualität eingebüßt und Fahrzeuge von Chrysler wären für die Zielgruppe zu hochpreisig, sollten Bestandteile von Daimler aufgenommen werden. Ferner hätten Skaleneffekte durch die gemeinsame Nutzung einer Produktplattform realisiert werden können. Um jedoch Plattformen oder Teile beider Produktionen zu nutzen, hätte somit eine neue globale Markenstrategie erarbeitet werden müssen, mit komparativer Positionierung. Aus Sicht des Controllings hätte solch eine Maßnahme hohe Marketing- und Entwicklungskosten verursacht, jedoch wären diese durch steigende Umsätze bei zeitgleich geminderten Herstellungskosten aufgewogen worden. Dieser Aspekt ist jedoch nicht näher analysiert worden, lediglich die Möglichkeit deutscher Technologien in Fahrzeugen des Chryslerportfolios wurde ergriffen. Zulasten der Absatzzahlen wurde dies am Markt nie erfolgreich umgesetzt.[71]

Ein weiteres Problem innerhalb dieses Mergers waren demnach die kulturellen Unterschiede, die sich später in grundlegenden sowie schwerwiegenden Problemen niederschlugen und erst in den Fokus der Integrationsphase gelangten, wenn eine Vielzahl weiterer Probleme auftraten. Dieser Umstand führt letztlich dazu, dass aufkommende Herausforderungen sowie Missstände, wie es hier der Fall gewesen ist, nur teilweise behoben oder beherrscht werden konnten. Im Zuge einer näheren Betrachtung weitere Aspekte des M&A-Prozesses, wird ersichtlich, dass nur ein Drittel der Top-Manager mit Integrationsmaßnahmen vertraut waren und kulturelle, personelle, als auch Projektrisiken bis zum Closing stets posteriorisiert wurden. Im weiteren Konflikt stand der Erfolg der Integration mit der angestrebten Geschwindigkeit. Um die versprochenen Synergien zu realisieren, musste die Integration möglichst zeitnah absolviert werden, was jedoch den Abbau der Mitarbeiterkonflikte hemmte, denn kulturelle Unterschiede müssen schrittweise und gründlich beseitigt werden. Im Zusammenhang dazu steht, dass die Mitarbeiter beider Konzerne sich schon anfänglich skeptisch gegenüberstanden. Daimler Mitarbeiter bemängelten die qualitative Ausrichtung der Arbeit ihrer amerikanischen Kollegen. Umgekehrt wurden Daimler Mitarbeiter als ineffizient deklariert, da deutsche Produktionsstätten nicht die Produktivität von Chrysler erreichen konnten. Mitarbeiterrisiken wurden hier überwiegend von

---

[71] Vgl. The Economist [2000], o. S.

Intergruppenkonflikten und einem unklaren Rollenverständnis hervorgerufen. Verstärkt wurde dies durch unterschiedliche Einstellungen bezüglich der Entscheidungs- sowie Kommunikationsstränge. Daimlers Organisationsstruktur war durch eine stufenreiche Hierarchie gekennzeichnet und wies ein eindeutiges Verantwortungs- sowie Entscheidungsbewusstsein auf. Chrysler war teamorientiert aufgestellt und durch eine dezentralisiert flache Hierarchie strukturiert. Deutsche und amerikanische Mitarbeiter hatten eine völlig unterschiedliche Auffassung der Arbeitsweise und der Priorisierung von Aufgaben. Getrieben von den Erwartungen der Kunden lag im Gegensatz zu den deutschen Managern der Fokus der Chrysler Angestellten auf ausreichender Qualität bedingt durch niedrige Preise. Dies stand stark im Kontrast zu den Erwartungen deutscher Kunden an ein Fahrzeug von Daimler-Benz. Hier stand stets die Qualität im Vordergrund, was unterschiedliche Priorisierungen der Aufgaben erklärt. Dieser Aspekt ist jedoch um die kulturellen Länderunterschiede zu erweitern. Die USA ist stark von Serienproduktion geprägt, Kunden kaufen bereits produzierte Fahrzeuge beim Händler. In Europa hingegen konfiguriert der Kunde sein eigenes Fahrzeug und nimmt Wartezeiten von bis zu sechs Monaten in Kauf. Den vorangegangenen Schwierigkeiten sind somit allgemein kulturelle Unterschiede zugrunde gelegt.[72]

Allem voran, wurden diese Missstände, durch mangelhafte Koordination des Controllings und dem allgemein fehlenden Verständnis der Belegschaft für neue Prozesse und der gesamten Fusion verstärkt. Unzureichende Maßnahmen des Controllings in Zusammenarbeit mit dem PMI Management konnten den kommunikativen Herausforderungen nicht mehr gerecht werden. Doch in Anlehnung an die erörterten personellen Risiken wurden noch weitere Fehler im Top-Management begangen. Im Zuge der Integration verließ die Mehrheit des Chrysler Top-Managements den Konzern. Die betroffenen Stellen wurden dann meist durch Mitarbeiter des Daimler Konzerns besetzt, was bei Chrysler Sorge um die Machtgleichheit hervorrief. Bestätigt wurde diese Sorge durch das Bekenntnis von Jürgen E. Schrempp bezüglich der Fusion unter Gleichgestellten als geplante Akquisition. Der Verlust von Vertrauen und Akzeptanz Seitens der amerikanischen Mitarbeiter war ein Resultat dieser Äußerung. Jedoch war die Integration der Unternehmen nicht nur von übergeordnet kulturellen, sondern ebenso von spezifischen Problemen belastet. Der massive Personalabbau bei Chrysler sorgte für konzern-

---

[72] Vgl. The Economist [2000], o. S.; Vgl. Foley [2014], S. 97 ff., 108 ff.

interne Konflikte und die Sorge der Mitarbeiter um ihren Arbeitsplatz. Diese Maßnahme war zwar ökonomisch durch die kritischen Ertragszahlen auf dem amerikanischen Markt begründet, jedoch wird hier die in Kapitel 4.2.3 erörterte Subjektivität der Mitarbeiter nicht berücksichtigt. Des Weiteren wurde konzernweit kommuniziert, dass Führungskräfte der einzelnen Bereiche die Verantwortung tragen, um die Integrität und Akzeptanz ihrer Mitarbeiter bezüglich des Mergers zu fördern. Allerdings wurde vom Controlling zu keinem Zeitpunkt eine Maßnahme ergriffen oder ein Instrument entwickelt um dieses Vorhaben langfristig zu kontrollieren und zu implementieren.[73]

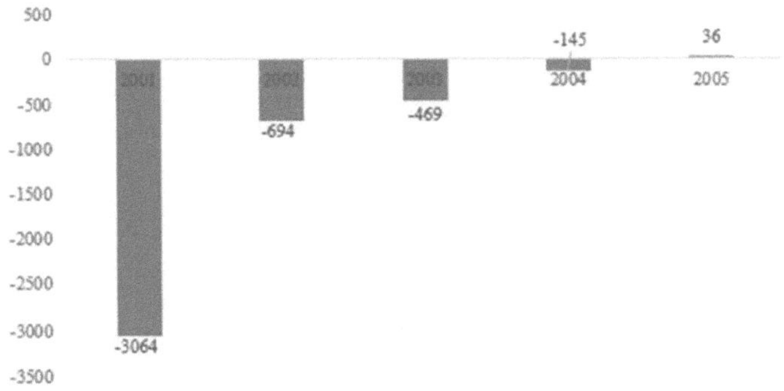

Abbildung 6: Restrukturierungskosten 2001-2005 in Mio. Euro. (Quelle: Eigene Darstellung)

Aus diesen Umständen resultierend entschied sich 2006 das Top-Management zur Trennung der beiden Automobilkonzerne, damit Daimler nicht länger unter dem Druck der negativen Verkaufszahlen von Chrysler operieren müsse. Nachdem sich im Jahre zuvor erstmals Synergien in Höhe von 36 Millionen Euro benennen ließen, die jedoch dem Restrukturierungsaufwand von kumuliert 4,37 Milliarden Euro entgegenstanden, wurde die weitere Integration von Chrysler als unwirtschaftlich eingestuft.[74]

Rückblickend lässt sich somit bemerken, dass es zahlreiche Anzeichen für eine gefährdete Integration der Fusion gegeben hat und grundlegende Prinzipien der

---

[73] Vgl. Watkins [2007], o. S.; Vgl. The Economist [2000], o. S.; Vgl. Foley [2014], S. 97 ff., 108 ff.

[74] Vgl. DaimlerChrysler AG Geschäftsbericht 2001 [2002], S. 54 ff.; Vgl. DaimlerChrysler AG Geschäftsbericht 2004 [2005], S. 23 ff.; Vgl. DaimlerChrysler AG Geschäftsbericht 2006 [2007], S. 46, 76, 184 ff.

PMI missachtet wurden. Dabei liegt überwiegend das Risiko im kulturellen, sowie personellen Bereich. Für Integrationsverantwortliche war demnach die erfolgreiche Integration von Anfang an unmöglich, da der Merger of Equals schon seit Beginn von Daimler als Akquisition geplant war. Denn dieser Sachverhalt verlangt in der Integrationsphase nach völlig abweichenden Aspekten, Herangehensweisen sowie Maßnahmen.

6 Lösungsansätze

Den vorangegangenen Ergebnissen zugrunde gelegt sollen im Folgenden mögliche Lösungsansätze vorgestellt werden, um die kontextbezogene Problemstellung dieser Ausarbeitung zu adressieren. Der Einfluss und auch die Tragweite der fünf Integrationsrisiken – Kultur, Mitarbeiter, Struktur, Synergie sowie Projekt – wurde bereits deutlich herausgestellt. Dementsprechend sollte eine M&A-Überlegung sowie Analyse auf jeden dieser fünf Aspekte ausgerichtet sein. Für alle Integrationsrisiken gibt es unterschiedliche Herangehensweisen, nach welchen das Controlling Maßnahmen einleiten kann, um diese Mithilfe von geeigneten Instrumenten zu minimieren.

Strukturelle Risiken sind eng mit der Due Diligence Prüfung verknüpft und lassen sich durch die starke Einbindung des Controllings erfolgreich und ohne erhöhten Mehraufwand kontrollieren. Das Einbringen von Erfahrungswerten durch M&A-Experten ist hierbei die effizienteste Methode, um eine belastbare Prüfung zu gewährleisten. In diesem Zuge können Mithilfe der Zusammenarbeit von Experten und dem unternehmenseigenen Controlling fallbezogene Eckpunkte definiert werden, die innerhalb einer nachhaltigen Due Diligence Prüfung unerlässlich sind. Ist dies berücksichtigt, sind strukturelle Risiken weitestgehend minimiert. Des Weiteren müssen Maßnahmen zur Steigerung der Motivation aller Mitarbeiter ergriffen werden. Eine mögliche Maßnahme, wäre die Entwicklung eines neuen Gehaltskonzeptes. Dies könnte vom Controlling und dem Betriebsrat ausgearbeitet werden und den Mitarbeitern vermitteln, dass das Erreichen von Zielvorgaben und das Erfüllen oder Einhalten einer bestimmten Verhaltenspolitik zu Boni und neuen Aufstiegschancen führen kann.[75]

Darüber hinaus würde sich diese Maßnahme positiv auf die Projektrisiken auswirken. Das Einbeziehen von Erfahrungswerten zur übergreifenden und langfristigen Prüfung würde auch diese Risiken zu großen Teilen minimieren. Weiterhin können speziell angepasste Key Performance Indicators (KPIs), erfolgsrelevante Leistungskennzahlen, einen durchgängigen Überblick über den Leistungsstand der Integration schaffen, sowie Kontrollfunktionen erfüllen. Diese werden in festgesetzten Perioden systematisch erhoben, ausgewertet und können nach Bedarf für einen historischen oder bereichsübergreifenden Vergleich herangezogen wer-

---

[75] Vgl. Häfner/Keuper/von Glahn [2006], S. 531 ff.; Vgl. Hamm/Pfefferle [2016], S. 136 ff.

den. In Bezug auf Projekte könnten hier beispielsweise die aktuelle mit der erforderlichen Personalkapazität verglichen werden. Eine weitere Möglichkeit wäre das Messen der Motivation aller Mitarbeiter mit relevanten Kennzahlen, wie die Leistungsmessung durch Umsatz oder Kunden pro Mitarbeiter in den Verkaufsabteilungen.[76]

Die gleiche Kennzahl würde auch Rückschlüsse auf Mitarbeiterrisiken geben, da diese teilweise parallel zu den Projektrisiken bestehen. Auch hier sind KPIs eine vielversprechende Methode um möglichst kurzfristig Risiken als auch Chancen zu erkennen. Neben der Motivation oder Leistung eines Mitarbeiters könnten hier auch weitere Kennzahlen herangezogen werden, wie z.B. die Fluktuationsrate der Mitarbeiter oder in Anlehnung an die Integration, die Zusammensetzung der Abteilungsteams zwischen den Unternehmen. Bei letzterem lassen sich Schlüsse zwischen der Zusammensetzung und der Performance ziehen. In Bezug auf die Mitarbeiterrisiken muss sich das Controlling von typischen KPIs distanzieren können und in Zusammenarbeit mit den Mitarbeitern der einzelnen Unternehmensbereiche, neue Kennzahlen entwickeln. Erst wenn die Mitarbeiter diese KPIs als ihre eigenen Tools betrachten und dementsprechend berichten, kann sich das Controlling auf getroffene Annahmen stützen und erfolgsversprechende Maßnahmen einleiten. Die gemeinsame Gestaltung dieser KPIs kann ein entscheidender Faktor für ein erfolgreiches M&A sein. Hier spielt Controlling eine tragende Rolle. Um darüber hinaus der Thematik von Fehlinformationen oder mangelnder Kommunikation entgegenzuwirken, sollte das Controlling EDV-Systeme implementieren. Dies gewährleistet den Mitarbeitern die Möglichkeit sich selbstständig über Prozessfortschritte zu informieren und eigene Ideen einzubringen. Darüber hinaus müssen intrinsische und extrinsische Anreize geschaffen werden, um Mitarbeiter weiterhin an das Unternehmen zu binden. Zu diesen Anreizen gehört das bereits erwähnte Entlohnungssystem durch Boni oder Gehaltserhöhungen, als auch der aktive Einfluss der Mitarbeiter. In Anlehnung daran muss die Zusammenarbeit der Mitarbeiter gefördert werden, was zunächst das Verhindern von Fehlverhalten bedeutet. Zu diesem Zweck könnte die Personalabteilung, mit Einbezug der IT-Abteilung sowie des Controllings, eine computerbasierte Schulung

---

[76] Vgl. ebd.

entwickeln. Diese legt den Mitarbeitern eine unternehmensweite Verhaltensweise nahe.[77]

Ähnlich wie diese Kommunikationssysteme, könnten Reporting-Zyklen auftretende Synergierisiken frühzeitig erkennbar machen. Ein Bericht über den Status und Fortschritt jeder Abteilung, könnte beispielsweise in Zwei-Wochen-Intervallen verfasst und an das Controlling sowie das Top-Managements kommuniziert werden. Dies würde dem Controlling ermöglichen, fortlaufend den Status der Integration zu bewerten. Demnach kann das Controlling die Ressourcen des Unternehmens bündeln und für die notwendigen Integrationsprozesse bereitstellen. Hierdurch wird zum einen die Fehleinschätzung von potenziellen Synergien vermieden, als auch zum anderen interne Prozesssynergien realisiert. Der erwähnte Bericht soll zudem bereichsrelevante KPIs inkludieren, um die Einpflege in die Controllingsysteme und den Vergleich durch das Controlling zu harmonisieren. Diese Kennzahlen ermöglichen es, das Synergiepotenzial kontinuierlich korrekt einzuschätzen und Maßnahmen schnellstmöglich an neue Umweltbedingungen anzupassen. Bezüglich der Integrationsplanung ist die Thematik der unternehmerisch geplanten Nähe zur Praxis oft zu geringfügig implementiert. Die Integrationsplanung wird mit Hilfe vom Top-Management aufgebaut, welches eher durch strategisches Denken gekennzeichnet ist. Dementsprechend fehlen häufig operative Ansätze. Hier kann das Einbinden untergeordneter Hierarchieebenen zu alternativen und operativ bezogenen Ansichten führen, was den Integrationsplan wiederum nachhaltiger und weniger Anfällig für äußere Einflüsse macht.[78]

Das erfolgsrelevanteste Integrationsrisiko besteht im kulturellen Aspekt von M&As. Neben dem gegebenen Praxisbeispiel von DaimlerChrysler, ist diese Aussage auch verallgemeinernd für M&As gültig. Abgesehen von der Auswirkung potenzieller Kulturrisiken auf den Integrationserfolg ist auch die interne Analyse, Bewertung und das Einleiten von Maßnahmen bezüglich dieser Thematik äußert risikobehaftet. Um dieses Risiko zu minimieren, gilt es besonders im Aufgabenbereich des Controllings die Gegebenheiten, Potenziale sowie Risiken zu quantifizieren. In der Regel geschieht dies in Form von den bereits mehrfach angewandten KPIs. Da in kultureller Hinsicht jedoch kaum kontextnahe Leistungskennzahlen

---

[77] Vgl. Häfner/Keuper/von Glahn [2006], S. 531 ff.; Vgl. Hamm/Pfefferle [2016], S. 136 ff.; Vgl. Wirtschaftspsychologische Gesellschaft [o. J.], o. S.

[78] Vgl. Foley [2014], S. 101 ff., 141 ff.; Vgl. Häfner/Keuper/von Glahn [2006], S. 531 ff.; Vgl. Hamm/Pfefferle [2016], S. 136 ff.

existieren, gilt für das Controlling die Herausforderung, diese zu entwickeln. Auch als weiche Erfolgsfaktoren bezeichnet und in Kapitel 4.1 bereits erläutert, müssen Modelle erarbeitet oder herangezogen werden, um genau diese Faktoren quantitativ messen zu können. Diesbezüglich wurden in der Theorie Modelle entwickelt, welche bereits in der Praxis angewandt wurden. Ist dem nicht der Fall, gilt eine Abschätzung des Controllings im Sinne der Relevanz, sowie Evidenz des Modelles bezüglich der vorliegenden Problematik. Ein mögliches Modell ist das 1928 von William Moulton Marston entwickelte und von John Geier 1972 aufgearbeitete DISG-Modell. Die Abkürzung DISG steht für dominant, initiativ, stetig, sowie gewissenhaft und zeichnet vier idealtypische Verhaltens- als auch Kommunikationsbereiche ab. Dabei entwickelt sich eine Person simultan in allen vier Typologien mehr oder weniger ausgeprägt. Diese Entwicklung muss jedoch zwischen privatem und beruflichem Umfeld getrennt werden, da sich hier ausschlaggebende Differenzen aufzeigen lassen. Das Modell wurde grundlegend zur Einschätzung der eigenen Person entwickelt, eignet sich jedoch ebenfalls zur Fremdeinschätzung unter Berücksichtigung der abweichenden Impressionen des Gegenübers.[79]

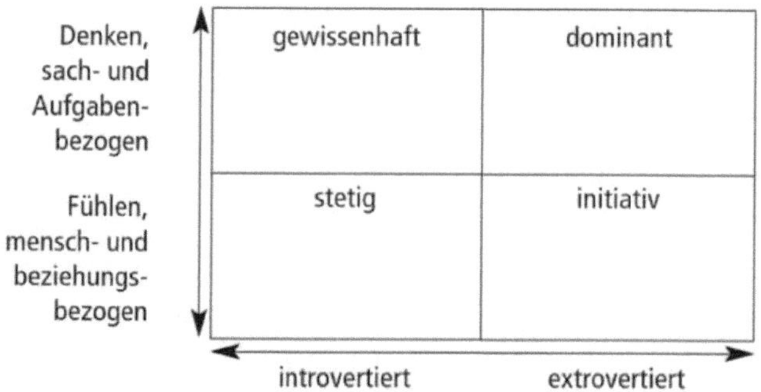

Abbildung 7: Typologien des DISG-Modells. (Quelle: Moritz/Rimbach [2006], S. 72)

Die vorliegende Grafik spiegelt die vier Typologien sowie die damit verbundenen Charaktereigenschaften wieder. Dominante Personen zeigen sich selbstbewusst und willensstark. Sie sind sachorientiert und ihr Handlungsdrang führt sie zu Entschlossenheit sowie das Ergreifen von Chancen und das Übernehmen von Verantwortung. Initiative Personen sind ähnlich extrovertiert veranlagt, neigen je-

---

[79] Vgl. Hamm/Pfefferle [2016], S. 136 ff.; Vgl. Moritz/Rimbach [2006], S. 72 ff.; Vgl. Menthe/Sieg [2013], S. 37 ff.

doch mehr zum Kontakt mit anderen. Meist empathisch und engagiert, überlassen sie Entscheidungen vorwiegend anderen. Stetig veranlagte sind eher introvertiert und eher mensch- sowie beziehungsbezogen. Im Kontrast dazu steht der vierte, gewissenhafte Typ. Wie der Dominante sind Selbstbewusstsein und Durchsetzungsfähigkeit seine Stärken. Jedoch ist diese Typologie ebenfalls introvertiert veranlagt und meidet daher gezielt den Kontakt zu anderen. Diese vier Typologien werden Mithilfe eines Fragebogens ermittelt. Dieser wird in vier Spalten, jeweils nach der Typologie, getrennt und untergliedert in eine selbst definierte Anzahl an Adjektiven bezüglich der Typologien.[80]

Dominant	Initiativ	Stetig	Gewissenhaft
Konkurrierend:_	Gesellig:_	Neutralisierend:_	Genau:_
Egozentrisch:_	Enthusiastisch:_	Passiv:_	Perfektionist:_
Unnachgiebig:_	Angenehm:_	Aufmerksam:_	Abgeklärt:_
Beharrlich:_	Inspirierend:_	Beständig:_	Exakt:_
Anspruchsvoll:_	Emotional:_	Teamfähig:_	Systematisch:_
...	...	...	...
Summe:_	Summe:_	Summe:_	Summe:_

Tabelle 2: DISG Fragebogen.

(Quelle: Eigene Darstellung)

In diesem Beispiel wurden fünf Kriterien je Typ gewählt. Die Anzahl der Kriterien hängt von der gewünschten Genauigkeit der Analyse und der bereitgestellten Ressourcen ab. Die Teilnehmer müssen diesen Fragebogen beantworten, indem sie die horizontal zueinanderstehenden Adjektive ihrer eigenen Persönlichkeit zuordnen. Dabei werden Punkte der Reihenfolge nach vergeben. Das zutreffendste Adjektiv wird mit der Zahl vier versehen, das am wenigsten zutreffende Adjektiv mit eins. Am Ende werden diese Punkte vertikal summiert. Die Ergebnisse sind, wie bereits erwähnt, zwischen privatem und beruflichem Umfeld oder Verhalten zu unterscheiden. Die Erstellung sowie Durchführung des Fragebogens sollte in Zusammenarbeit zwischen Personalabteilung und Controlling geschehen. Nur so kann eine nachhaltige Interpretation der Ergebnisse erfolgen. An der Summe des Fragebogens kann das Controlling die quantifizierten Verhaltens- sowie Kommunikationsweisen ablesen und jeden Mitarbeiter einordnen. Dadurch

---

[80] Vgl. Moritz/Rimbach [2006], S. 72 ff.

lassen sich Rückschlüsse auf die Ausprägungen der vier Typologien schließen und mitarbeiterbezogene Maßnahmen ergreifen. Beispielsweise sind dominante Personen durch die eigene selbstbewusst extrovertierte Art affiner für interkulturelle Teambuilding-Maßnahmen. Darüber hinaus ist diese Art von Mitarbeiter von stetigen Kontrollen in ihrer Arbeitsweise gehemmt und kommt im Integrationsprozess besser mit simultaner Arbeit zurecht. Dem gegenüber steht der initiative Mitarbeiter. Dieser fördert Teamarbeit und realisiert in einer kollegialen Umgebung sein gesamtes Potenzial. Initiative bevorzugen es, andere Mitarbeiter von Ideen und Aufgaben zu überzeugen. Mitarbeiter beider Typologien sollten bevorzugt in umstrukturierten Abteilungen eingesetzt werden, um die Zusammenarbeit neuer Mitarbeiter aktiv zu fördern. Die erhaltenen Ergebnisse und geschlossenen Annahmen lassen sich weiterhin Abteilungs-, Bereichs und Unternehmensübergreifend vergleichen. Dies ermöglicht weitere Annahmen in Bezug auf die Zusammenstellung der Teams und die Arbeitsleistung gleichgestellter Mitarbeiter. Daraus können sich zusätzliche Optimierungspotenziale ergeben.[81]

Die Ergebnisse, sowie die Schlussfolgerungen dieser Analyse sollten vom Controlling dennoch kritisch hinterfragt werden. Hier ist Vertrauen der Mitarbeiter in den Arbeitgeber, das Controlling und selbstreflektierende Fähigkeit vorausgesetzt. Kritiker behaupten, dass es bezüglich des DISG-Modells in der Praxis an empirischen Belegen im Sinne der Belastbarkeit fehlt. Um Fehleinschätzungen vorzubeugen könnte die Analyse um eine Bewertung von vier weiteren Arbeitskollegen ergänzt werden. Im optimalsten Fall lägen dann fünf Fragebögen pro Mitarbeiter vor. Das Betrachten des Durchschnitts würde die Ergebnisse somit bekräftigen. Dennoch ist das DISG-Modell eine mögliche Maßnahme, um kostengünstige Einschätzungen zu evaluieren und mit Kennzahlen sowie kennzahlenresultierender Maßnahmen in Verbindung zu bringen. Denn vor allem finanzielle und humane Ressourcen zur eigenständigen Beurteilung durch persönliche Interviews sind innerhalb eines M&As – oder genauer einer Integrationsphase – kaum vorhanden. Diese Resultate lassen sich wiederum in Verbindung mit den entwickelten KPIs bringen.[82]

Durch die Berücksichtigung integrationsrelevanter Aspekte und die Zusammenarbeit betroffener Abteilungen, können Integrationsrisiken bereits im Vorfeld ab-

---

[81] Vgl. Moritz/Rimbach [2006], S. 72 ff.; Vgl. Menthe/Sieg [2013], S. 37 ff.
[82] Vgl. ebd.

gewendet werden. Zusätzlich kann das Controlling nur in Anbetracht dessen, relevante Geschäfts- und Entscheidungsprozesse neu und effizienter gestalten. Eine nachhaltige Implementierung kontextbasierter Leistungskennzahlen und das wiederkehrende Durchführen von Kommunikations- oder Integrationsmodellen, wie das DISG-Modell, dienen dann zur Vorbeugung der Integrationsrisiken, die durch das Controlling erkannt und minimiert werden können.

7 Fazit

Fusionen und Übernahmen sind sowohl aus operativer als auch strategischer Sicht eine chancenreiche Möglichkeit um den Wert sowie den Erfolg eines Unternehmens zu steigern. Dennoch spiegelt die hohe Quote fehlgeschlagener Transaktionen die Schwierigkeit und Herausforderung eines M&As wieder.

Trotz der Vielzahl an M&A-Transaktionen und dem einhergehend hohen Volumen, werden in der Praxis häufig nicht genügend ausgereifte Überlegungen und Vorkehrungen getroffen. Die Herausforderung liegt darin potenzielle Risiken frühzeitig zu identifizieren und diese durch die notwendigen Ressourcen in Verbindung mit speziellen Maßnahmen optimal zu adressieren. Integrationsrisiken lassen sich in Mitarbeiter-, Struktur-, Projekt-, Synergie- und Kulturrisiken klassifizieren. Im M&A-Prozess entwickeln sich diese Risiken aus Unstimmigkeiten oder mangelhafter Planung und determinieren so den Erfolg der gesamten Unternehmung. Mit standardisierten Controllinginstrumenten, können viele der genannten Risiken bereits im Vorfeld kalkuliert und eingeschätzt werden. Schwierigkeiten treten vermehrt bei kulturellen Risiken auf, da das Controlling hier nicht auf gängige Instrumente zurückgreifen kann und kontextbezogene Daten nur schwer evaluiert werden können.

Der Annahme zugrunde gelegt, dass der Integrationsprozess von wiederkehrend kontrollierenden und nachhaltigen Funktionen geprägt ist und nur darüber ein langfristiger Integrationserfolg gewährleistet werden kann, ist dem Controlling, welches sich in diesen Funktionen wiederfindet, eine ausschlaggebende Rolle zuzuteilen. Zudem kann nur die Quantifizierung der kulturellen Faktoren dem Controlling das homogenisierte Steuern der Prozesse ermöglichen. Eine Möglichkeit ist die Entwicklung von Leistungskennzahlen im kulturellen Kontext um über die Kontrollfunktion hinaus, auch die Entwicklung und den Fortschritt der Integration darstellen zu können. Dies sollte durch ein Modell zur spezifischeren Einschätzung der Kultur und der Mitarbeiter ergänzt werden. Beispielsweise das DISG-Modell ermöglicht Rückschlüsse auf das Verhalten, die Einstellung sowie die Motivation der Mitarbeiter. Diese Erkenntnis verbunden mit der Integrationspotenzial-Analyse gewähren dem Controlling die Möglichkeit, Ressourcen optimiert zu bündeln und in Form von Maßnahmen effektiv einsetzen zu können. Beispiele aus der Praxis unterstreichen die Notwendigkeit von nachhaltigen Analysen des Controllings. Das frühzeitige Erkennen von potenziellen Risiken ist unerlässlich und kann, wie am Beispiel von DaimlerChrysler veranschaulicht, den Integrationserfolg eines gesamten Konzernes determinieren. Hätte das Controlling der DaimlerChrysler AG im Zuge des Mergers oben beschriebene Modelle angewandt und sämtliche Instrumente um die benannten Aspekte erweitert, hätten erfolgsnotwendige Synergien korrekt erkannt und realisiert werden können. Somit hätten Unstimmigkeiten aus kulturellen Unterschieden bereits anfänglich vorgebeugt werden können.

Aus den Ergebnissen geht hervor, dass M&As selbst für große und erfolgreiche Konzerne eine Herausforderung darstellt. Eine mangelhafte Einschätzung des Controllings würde diesbezüglich nicht nur die Effektivität von Maßnahmen beschränken, sondern auch die strategische Ausrichtung von Entscheidungen des Top-Managements negativ beeinflussen. Die Analysen dieser Ausarbeitung unterstreichen demnach den Einfluss des Controllings auf den Integrationserfolg in allen M&A-Phasen. Das Controlling bildet Mithilfe der Due Diligence Prüfung innerhalb der Vorbereitungs- und Transaktionsphase das Bewusstsein über potenzielle Risiken sowie erfolgsversprechende Synergien. Im Integrationsprozess wird dies mit der Quantifizierung von Integrationsrisiken verknüpft um eine nachhaltig strategische Ausrichtung zu garantieren. Zwar gehen Aspekte der Integration weit über das quantitativ messbare hinaus, jedoch kann nur ein durchgängiges Controlling eine belastbare sowie informative Grundlage für das Top-Management schaffen und damit den Erfolg der gesamten M&A-Aktivität sicherstellen.

Die vorliegende Ausarbeitung hebt die Notwendigkeit nach einem ganzheitlichen Controllinginstrument hervor. Dies wird bekräftigt durch die steigende Relevanz von M&A-Aktivitäten und die damit einhergehende Bedeutung der Post Merger Integration. Um zukünftig der Misserfolgsquote von M&As entgegenzuwirken, müssten konsolidierte Instrumente entwickelt werden, welche sich auf die dargestellten Risiken und M&A-Themen ausrichten lassen. Zukünftige Forschungsmöglichkeiten ergeben sich bezüglich der Verallgemeinerung von Maßnahmen und der Verflechtung inkludierter Modelle.

Literaturverzeichnis

Arlinghaus, O./ Balz, U. [2007], Praxisbuch Mergers & Acquisitions. Von der strategischen Überlegung zur erfolgreichen Integration, 2. Aufl., Landsberg am Lech 2007.

Becker, W./ Botzkowski, T./ Ulrich, P. [2016], Mergers & Acquisitions im Mittelstand. Best Practice für den Akquisitionsprozess, Wiesbaden 2016.

Beiner, C./ Henne, A./ Reichling, P. [2005], Praxishandbuch Finanzierung, 1. Aufl., Wiesbaden 2005.

Berkemer, M./Heinritz, D./Wanzel, C. [2012], Unternehmenskultur. Über die Notwendigkeit einer integralen Due Diligence im Kontext von M&A und lernender Organisation, 1. Aufl., Norderstedt 2012.

Brasic, H. [2011], Analyse der Gründe und Ziele zur Einleitung von M&A Prozessen in mittelständischen Unternehmen Ost-Österreichs 2009 und 2010. Wissenschaftliche Studie über die Entwicklung der Motive und Beweggründe von M&A Maßnahmen mittelständischer Unternehmen in Oberösterreich, Niederösterreich und Wien im Ausklang der Finanzkrise, Norderstedt 2011, S. 31-46.

Capital [2016], Daimlers teure Auto-Hochzeit. Die Wirtschaft ist voller Skandale, Kämpfe und Meilensteine. Capital erinnert an die besten. Diesmal: die Fusion von Daimler und Chrysler verfügbar unter: http://www.capital.de/dasmagazin/daimlers-teure-auto-hochzeit.html (28.06.2017).

Chrysler Corporation [1998], DAIMLERCHRYSLER AG. PROSPECTUS Ordinary Shares of No Par Value, Auburn Hills 1998.

Daimler-Benz AG Geschäftsbericht 1997 [1998], Geschäftsjahr 1997, Stuttgart 1998.

DaimlerChrysler AG Geschäftsbericht 1998 [1999], Merger of Growth. Annual Report 1998, Stuttgart 1999.

das Wirtschaftslexikon Akquisitionsplanung [o. J.], Akquisitionsplanung, verfügbar unter: http://www.daswirtschaftslexikon.com/d/akquisitionsplanung/akquisitionsplanung.htm#akq40H03 (01.06.2017).

das Wirtschaftslexikon Fusionsmanagement [o. J.], Fusionsmanagement, verfügbar unter:
http://www.daswirtschaftslexikon.com/d/fusionsmanagement/fusionsmanagement.htm (01.06.2017).

Engels, L. [2010], Aufgaben des CFO im Krisen- und Restrukturierungs-Management. Unternehmen in der Krise, in: Controlling & Management Review, Nr. 54, Sonderheft 2 vom 13.07.2010, S. 17-21.

Flint, J. [1997], Company of the Year, verfügbar unter:
https://www.forbes.com/forbes/ 1997/0113/5901082a.html (28.06.2017).

Frank, C. [2010], Strategien in Post-Merger-Integrationen. Eine experimentelle Turniersimulation, in: Lindstädt/ H. (Hrsg.): Schriften zu Management, Organisation und Information (Band 23), München und Mering 2010.

Frankfurter Allgemeine Zeitung Sanierung [2007], „Massaker am Valentinstag". Sanierung bei Chrysler, verfügbar unter:
http://www.faz.net/aktuell/wirtschaft/unternehmen/sanierung-bei-chrysler-massaker-am-valentinstag-1279371.html (29.06.2017).

Gabler Wirtschaftslexikon Due Diligence [o. J.], Due Diligence, verfügbar unter:
http://wirtschaftslexikon.gabler.de/ Archiv/9219/due-diligence-v12.html (31.05.2017).

Gabler Wirtschaftslexikon Firmenwert [o. J.], Firmenwert, verfügbar unter:
http://wirtschaftslexikon.gabler.de/ Definition/firmenwert.html (13.06.2017).

Gabler Wirtschaftslexikon Shared Services [o. J.], Shared Services, verfügbar unter: http://wirtschaftslexikon.gabler.de/ Definition/shared-services.html (13.06.2017).

Gattinger, R./Reisinger, S./Strehl, F. [2013], Strategisches Management. Grundlagen für Studium und Praxis, Hallbergmoos 2013.

Gerginov, D. [2013], Ein Musterbeispiel: Daraus besteht der Letter of Intent, verfügbar unter: http://www.gevestor.de/details/ein-musterbeispiel-daraus-besteht-der-letter-of-intent-676221.html (31.05.2017).

Grube, R./ Töpfer, A. [2002], Post Merger Integration Erfolgsfaktoren für das Zusammenwachsen von Unternehmen, Stuttgart 2002.

Gup, B. E. [2004], Too Big to Fail. Policies and Practices in Government Bailouts, Westport 2004.

Häfner, M./Keuper, F./ von Glahn, C. [2006], Der M&A-Prozess. Konzepte, Ansätze und Strategien für die Pre- und Post-Phase, 1. Aufl., Wiesbaden 2006.

Hamm, P./Pfefferle, D. [2016], Strategiemodelle der Post-Merger- Integrationsphase, in: Dimler, N./Hirzel, M./Zub, H. (Hrsg.): Strategische Positionierung. Geschäfts- und Servicebereiche auf Kundenbedarf fokussieren, Wiesbaden 2016, S. 135-150.

Hornung, K. [2007], Cash-Flow-basierte Konzepte der Wertorientierung, in: Seethaler, P./Steitz, M. (Hrsg.): Praxishandbuch Treasury-Management. Leitfaden für die Praxis des Finanzmanagements, Aufl. 1, Wiesbaden 2007, S. 17-20.

Horzella, A. [2010], Wertsteigerung im M&A-Prozess. Erfolgsfaktoren – Instrumente – Kennzahlen, Wiesbaden, Universität Bayreuth, Dissertation, 2010.

Intralinks [2017], Deal Flow Predictor. Our quarterly prediction of future trends in the global M&A market, verfügbar unter: https://www.intralinks.com/resources/ publications/deal-flow-predictor-2017q2 (22.05.2017).

Investopedia CoE [o. J.], Capitalization of Earnings, verfügbar unter: http://www.investopedia.com/ terms/c/capitalization_of_earnings.asp (13.07.2017).

Lützenrath, C./ Peppmeier, K./ Schuppener, J. [2006], Bankstrategien für Unternehmenssanierungen. Erfolgskonzepte zur Früherkennung und Krisenbewältigung, Wiesbaden 2006.

Martin, R. J. [2016], M&A: The One Thing You Need to Get Right, verfügbar unter: https://hbr.org/2016/06/ma-the-one-thing-you-need-to-get-right (27.05.2017).

Menthe, T./Sieg, M. [2013], Kundennutzen: die Anwendung im Verkaufsgespräch. So verhandeln Sie wert- und nutzenorientiert, Wiesbaden 2013.

Moritz, A./Rimbach, F. [2006], Soft Skills für Young Professionals. Alles, was Sie für Ihre Karriere brauchen, Offenbach 2006.

Reifenberger, S. [2015], Financial Due Diligence: Wichtige Basis für den Kaufpreis. Zwischen Zahlen, Plänen und sensiblen Daten, verfügbar unter: https://www.finance-magazin.de/strategie-effizienz/ma/financial-due-diligence-wichtige-basis-fuer-den-kaufpreis-1355919/ (20.06.2017).

Riegler, D./Walleyo, S. [2013], Post-Merger Integration – Stolperfallen und Erfolgsfaktoren aus der Praxis, in: Bauer, C./von Düsterlho, J.-E. (Hrsg.): Distressed Mergers & Acquisitions. Kauf und Verkauf von Unternehmen in der Krise, Wiesbaden 2013, S. 236-250.

Stafflage, E. [2005], Unternehmenskultur als erfolgsentscheidender Faktor. Modell zur Zusammenführung bei grenzüberschreitenden Mergers & Acquisitions, Wiesbaden, Universität Göttingen, Dissertation, 2005.

Studt, J. F. [2008], Nachhaltigkeit in der Post Merger Integration, Wiesbaden 2008.

The Economic Times [o. J.], Definition of 'Principal Agent Problem', verfügbar unter: http://economictimes   .indiatimes.com/definition/principle-agent-problem (21.06.2017).

The Economist [2000], The DaimlerChrysler emulsion. Our second merger brief asks whether cross-border deals are different from other mergers, or just harder to carry out. DaimlerChrysler may offer an answer, verfügbar unter: http://www.economist.com/node/341352 (28.06.2017).

Voigt, K.-I. [2008], Industrielles Management. Industriebetriebslehre aus prozessorientierter Sicht, Berlin 2008.

Watkins, M. D. [2007], Why DaimlerChrysler Never Got into Gear, verfügbar unter: https://hbr.org/2007/05/why-the-daimlerchrysler-merger (28.06.2017).

Wirtschaftspsychologische Gesellschaft [o. J.], Intrinsische und extrinsische Motivation, verfügbar unter: https://wpgs.de/   fachtexte/motivation/intrinsische-und-extrinsische-motivation/ (21.06.2017).

Zademach, H.-M. [2006], Fusionen und Übernahmen (M&A) im internationalen Kontext. Grundlagen und Beispiele aus der Finanzdienstleistungsbranche, in: Haas, H.-D./Neumair, S.-M. (Hrsg.): Internationale Wirtschaft. Rahmenbedingungen, Akteure, räumliche Prozesse, München 2006, S. 429-459.